Date:		Team:													
Location:						Opponent:									

Team Fouls	1st Half	1	2	3	4	5	6	7	8	9	10	10+	Time Outs	Half	20s		60s	
	2nd Half	1	2	3	4	5	6	7	8	9	10	10+		Full	20s		60s	

No	Player	PF (1-6)	RB		BS	AS	ST	TO	FGM-A	3FM-A	FTM-A	PTS				
			OR	DR								1st Q	2st Q	3st Q	4st Q	Tot
									/	/	/					
									/	/	/					
									/	/	/					
									/	/	/					
									/	/	/					
									/	/	/					
									/	/	/					
									/	/	/					
									/	/	/					
									/	/	/					
									/	/	/					
									/	/	/					
									/	/	/					
									/	/	/					
									/	/	/					
	TOTALS								/	/	/					

Team Score

1	2	3	4	5	6	7	8	9	10	11	12	13	14	15	16	17	18	19	20	21	22	23	24	25
26	27	28	29	30	31	32	33	34	35	36	37	38	39	40	41	42	43	44	45	46	47	48	49	50
51	52	53	54	55	56	57	58	59	60	61	62	63	64	65	66	67	68	69	70	71	72	73	74	75
76	77	78	79	80	81	82	83	84	85	86	87	88	89	90	91	92	93	94	95	96	97	98	99	100
101	102	103	104	105	106	107	108	109	110	111	112	113	114	115	116	117	118	119	120	121	122	123	124	125

Mark your top players shots

(For example, O for Done, X for Fail)

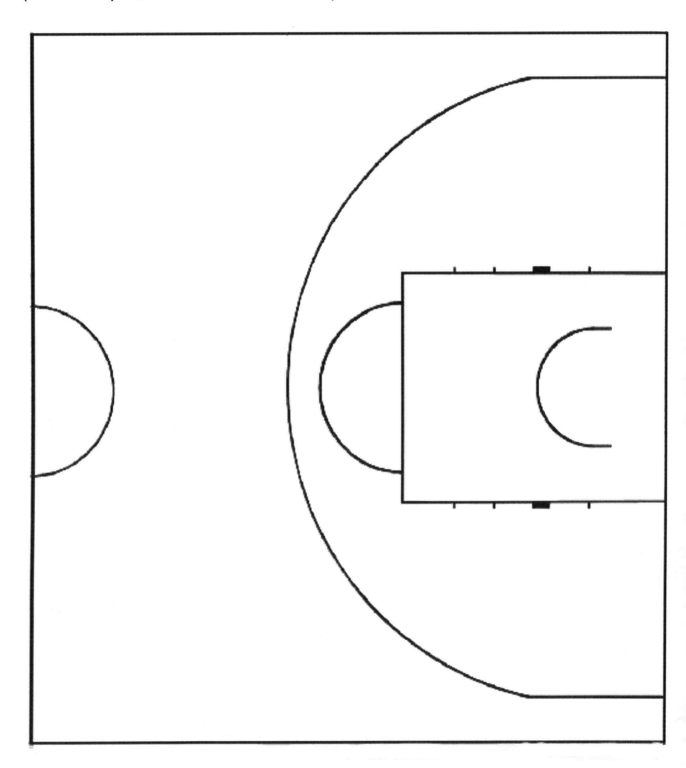

Date:		Team:												Home			Away	
Location:								Opponent:										

Team Fouls	1st Half	1	2	3	4	5	6	7	8	9	10	10+	Time Outs	Half	20s		60s	
	2nd Half	1	2	3	4	5	6	7	8	9	10	10+		Full	20s		60s	

No	Player	PF (1-6)	RB		BS	AS	ST	TO	FGM-A	3FM-A	FTM-A	PTS				
			OR	DR								1st Q	2st Q	3st Q	4st Q	Tot
									/	/	/					
									/	/	/					
									/	/	/					
									/	/	/					
									/	/	/					
									/	/	/					
									/	/	/					
									/	/	/					
									/	/	/					
									/	/	/					
									/	/	/					
									/	/	/					
									/	/	/					
									/	/	/					
									/	/	/					
	TOTALS								/	/	/					

Team Score

1	2	3	4	5	6	7	8	9	10	11	12	13	14	15	16	17	18	19	20	21	22	23	24	25
26	27	28	29	30	31	32	33	34	35	36	37	38	39	40	41	42	43	44	45	46	47	48	49	50
51	52	53	54	55	56	57	58	59	60	61	62	63	64	65	66	67	68	69	70	71	72	73	74	75
76	77	78	79	80	81	82	83	84	85	86	87	88	89	90	91	92	93	94	95	96	97	98	99	100
101	102	103	104	105	106	107	108	109	110	111	112	113	114	115	116	117	118	119	120	121	122	123	124	125

Mark your top players shots

(For example, O for Done, X for Fail)

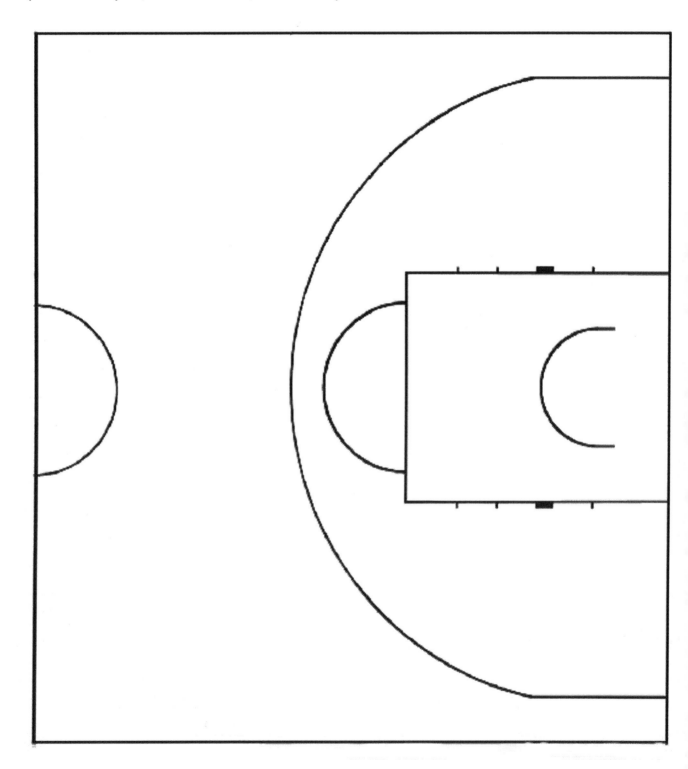

Date:		Team:												Home			Away	
Location:							Opponent:											

Team Fouls	1st Half	1	2	3	4	5	6	7	8	9	10	10+	Time Outs	Half	20s		60s	
	2nd Half	1	2	3	4	5	6	7	8	9	10	10+		Full	20s		60s	

No	Player	PF (1-6)		RB		BS	AS	ST	TO	FGM-A	3FM-A	FTM-A	PTS				
				OR	DR								1st Q	2st Q	3st Q	4st Q	Tot
										/	/	/					
										/	/	/					
										/	/	/					
										/	/	/					
										/	/	/					
										/	/	/					
										/	/	/					
										/	/	/					
										/	/	/					
										/	/	/					
										/	/	/					
										/	/	/					
										/	/	/					
										/	/	/					
										/	/	/					
										/	/	/					
	TOTALS									/	/	/					

Team Score

1	2	3	4	5	6	7	8	9	10	11	12	13	14	15	16	17	18	19	20	21	22	23	24	25
26	27	28	29	30	31	32	33	34	35	36	37	38	39	40	41	42	43	44	45	46	47	48	49	50
51	52	53	54	55	56	57	58	59	60	61	62	63	64	65	66	67	68	69	70	71	72	73	74	75
76	77	78	79	80	81	82	83	84	85	86	87	88	89	90	91	92	93	94	95	96	97	98	99	100
101	102	103	104	105	106	107	108	109	110	111	112	113	114	115	116	117	118	119	120	121	122	123	124	125

Mark your top players shots

(For example, O for Done, X for Fail)

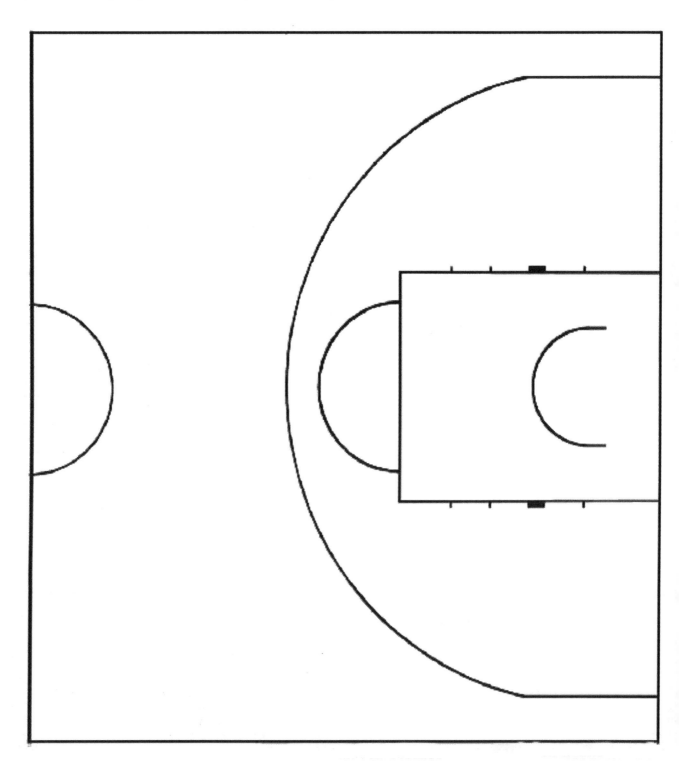

Date:		Team:												Home		Away	
Location:						Opponent:											

Team Fouls	1st Half	1	2	3	4	5	6	7	8	9	10	10+	Time Outs	Half	20s		60s	
	2nd Half	1	2	3	4	5	6	7	8	9	10	10+		Full	20s		60s	

No	Player	PF (1-6)		RB		BS	AS	ST	TO	FGM-A	3FM-A	FTM-A	PTS				
				OR	DR								1st Q	2st Q	3st Q	4st Q	Tot
										/	/	/					
										/	/	/					
										/	/	/					
										/	/	/					
										/	/	/					
										/	/	/					
										/	/	/					
										/	/	/					
										/	/	/					
										/	/	/					
										/	/	/					
										/	/	/					
										/	/	/					
										/	/	/					
										/	/	/					
	TOTALS									/	/	/					

Team Score

1	2	3	4	5	6	7	8	9	10	11	12	13	14	15	16	17	18	19	20	21	22	23	24	25
26	27	28	29	30	31	32	33	34	35	36	37	38	39	40	41	42	43	44	45	46	47	48	49	50
51	52	53	54	55	56	57	58	59	60	61	62	63	64	65	66	67	68	69	70	71	72	73	74	75
76	77	78	79	80	81	82	83	84	85	86	87	88	89	90	91	92	93	94	95	96	97	98	99	100
101	102	103	104	105	106	107	108	109	110	111	112	113	114	115	116	117	118	119	120	121	122	123	124	125

Mark your top players shots

(For example, O for Done, X for Fail)

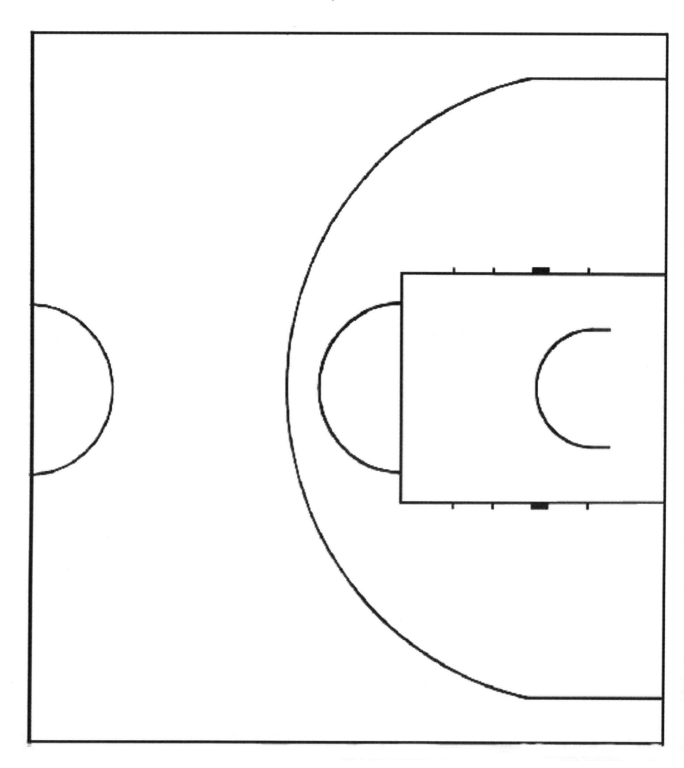

Date:		Team:												Home				Away	
Location:							Opponent:												

Team Fouls	1st Half	1	2	3	4	5	6	7	8	9	10	10+	Time Outs	Half	20s		60s	
	2nd Half	1	2	3	4	5	6	7	8	9	10	10+		Full	20s		60s	

No	Player	PF (1-6)	RB		BS	AS	ST	TO	FGM-A	3FM-A	FTM-A	PTS				
			OR	DR								1st Q	2st Q	3st Q	4st Q	Tot
									/	/	/					
									/	/	/					
									/	/	/					
									/	/	/					
									/	/	/					
									/	/	/					
									/	/	/					
									/	/	/					
									/	/	/					
									/	/	/					
									/	/	/					
									/	/	/					
									/	/	/					
									/	/	/					
									/	/	/					
	TOTALS								/	/	/					

Team Score

1	2	3	4	5	6	7	8	9	10	11	12	13	14	15	16	17	18	19	20	21	22	23	24	25
26	27	28	29	30	31	32	33	34	35	36	37	38	39	40	41	42	43	44	45	46	47	48	49	50
51	52	53	54	55	56	57	58	59	60	61	62	63	64	65	66	67	68	69	70	71	72	73	74	75
76	77	78	79	80	81	82	83	84	85	86	87	88	89	90	91	92	93	94	95	96	97	98	99	100
101	102	103	104	105	106	107	108	109	110	111	112	113	114	115	116	117	118	119	120	121	122	123	124	125

Mark your top players shots

(For example, O for Done, X for Fail)

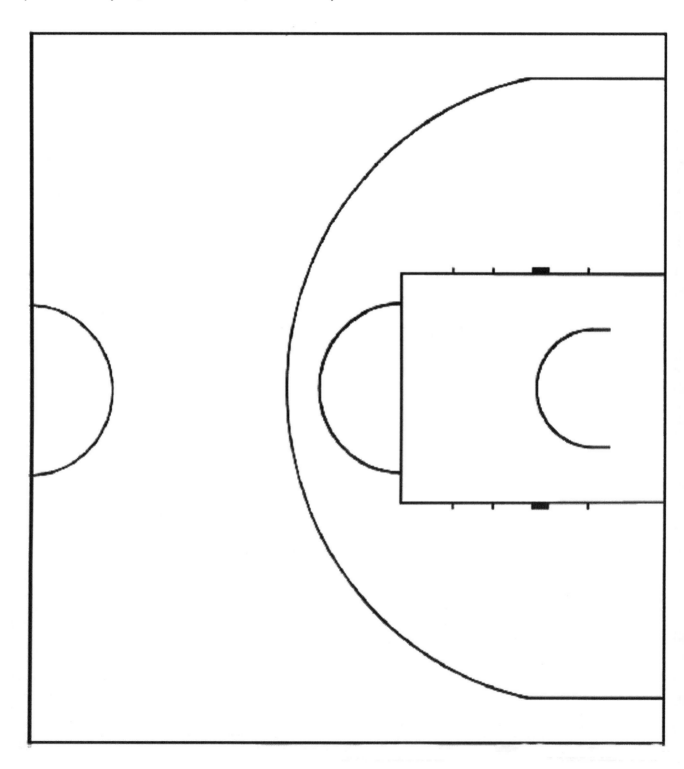

Date:		Team:												Home			Away	
Location:							Opponent:											

Team Fouls	1st Half	1	2	3	4	5	6	7	8	9	10	10+	Time Outs	Half	20s		60s	
	2nd Half	1	2	3	4	5	6	7	8	9	10	10+		Full	20s		60s	

No	Player	PF (1-6)	RB		BS	AS	ST	TO	FGM-A	3FM-A	FTM-A	PTS				
			OR	DR								1st Q	2st Q	3st Q	4st Q	Tot
									/	/	/					
									/	/	/					
									/	/	/					
									/	/	/					
									/	/	/					
									/	/	/					
									/	/	/					
									/	/	/					
									/	/	/					
									/	/	/					
									/	/	/					
									/	/	/					
									/	/	/					
									/	/	/					
									/	/	/					
	TOTALS								/	/	/					

Team Score

1	2	3	4	5	6	7	8	9	10	11	12	13	14	15	16	17	18	19	20	21	22	23	24	25
26	27	28	29	30	31	32	33	34	35	36	37	38	39	40	41	42	43	44	45	46	47	48	49	50
51	52	53	54	55	56	57	58	59	60	61	62	63	64	65	66	67	68	69	70	71	72	73	74	75
76	77	78	79	80	81	82	83	84	85	86	87	88	89	90	91	92	93	94	95	96	97	98	99	100
101	102	103	104	105	106	107	108	109	110	111	112	113	114	115	116	117	118	119	120	121	122	123	124	125

Mark your top players shots

(For example, O for Done, X for Fail)

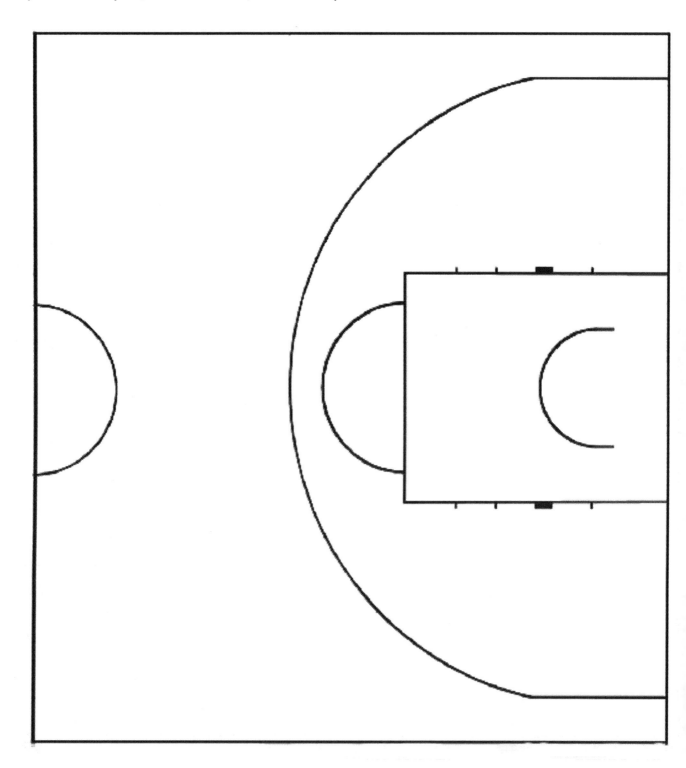

Date:		Team:											Home			Away	
Location:							Opponent:										
Team Fouls	1st Half	1	2	3	4	5	6	7	8	9	10	10+	Time Outs	Half	20s		60s	
	2nd Half	1	2	3	4	5	6	7	8	9	10	10+		Full	20s		60s	

No	Player	PF (1-6)	RB		BS	AS	ST	TO	FGM-A	3FM-A	FTM-A	PTS				Tot
			OR	DR								1st Q	2st Q	3st Q	4st Q	
									/	/	/					
									/	/	/					
									/	/	/					
									/	/	/					
									/	/	/					
									/	/	/					
									/	/	/					
									/	/	/					
									/	/	/					
									/	/	/					
									/	/	/					
									/	/	/					
									/	/	/					
									/	/	/					
									/	/	/					
	TOTALS								/	/	/					

Team Score

1	2	3	4	5	6	7	8	9	10	11	12	13	14	15	16	17	18	19	20	21	22	23	24	25
26	27	28	29	30	31	32	33	34	35	36	37	38	39	40	41	42	43	44	45	46	47	48	49	50
51	52	53	54	55	56	57	58	59	60	61	62	63	64	65	66	67	68	69	70	71	72	73	74	75
76	77	78	79	80	81	82	83	84	85	86	87	88	89	90	91	92	93	94	95	96	97	98	99	100
101	102	103	104	105	106	107	108	109	110	111	112	113	114	115	116	117	118	119	120	121	122	123	124	125

Mark your top players shots

(For example, O for Done, X for Fail)

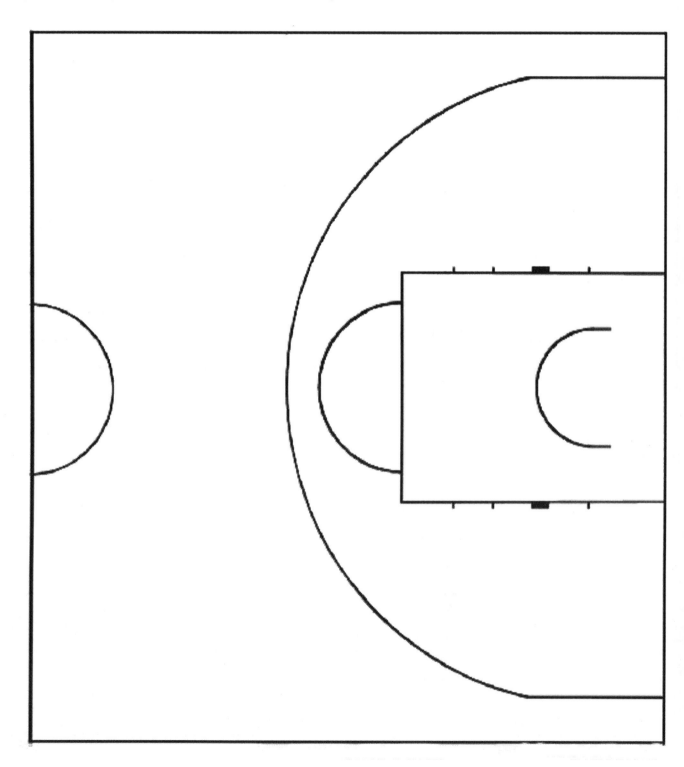

Date:		Team:											Home			Away	
Location:							Opponent:										
Team Fouls	1st Half	1	2	3	4	5	6	7	8	9	10	10+	Time Outs	Half	20s		60s	
	2nd Half	1	2	3	4	5	6	7	8	9	10	10+		Full	20s		60s	

No	Player	PF (1-6)	RB		BS	AS	ST	TO	FGM-A	3FM-A	FTM-A	PTS				
			OR	DR								1st Q	2st Q	3st Q	4st Q	Tot
									/	/	/					
									/	/	/					
									/	/	/					
									/	/	/					
									/	/	/					
									/	/	/					
									/	/	/					
									/	/	/					
									/	/	/					
									/	/	/					
									/	/	/					
									/	/	/					
									/	/	/					
									/	/	/					
									/	/	/					
									/	/	/					
	TOTALS								/	/	/					

Team Score

1	2	3	4	5	6	7	8	9	10	11	12	13	14	15	16	17	18	19	20	21	22	23	24	25
26	27	28	29	30	31	32	33	34	35	36	37	38	39	40	41	42	43	44	45	46	47	48	49	50
51	52	53	54	55	56	57	58	59	60	61	62	63	64	65	66	67	68	69	70	71	72	73	74	75
76	77	78	79	80	81	82	83	84	85	86	87	88	89	90	91	92	93	94	95	96	97	98	99	100
101	102	103	104	105	106	107	108	109	110	111	112	113	114	115	116	117	118	119	120	121	122	123	124	125

Mark your top players shots

(For example, O for Done, X for Fail)

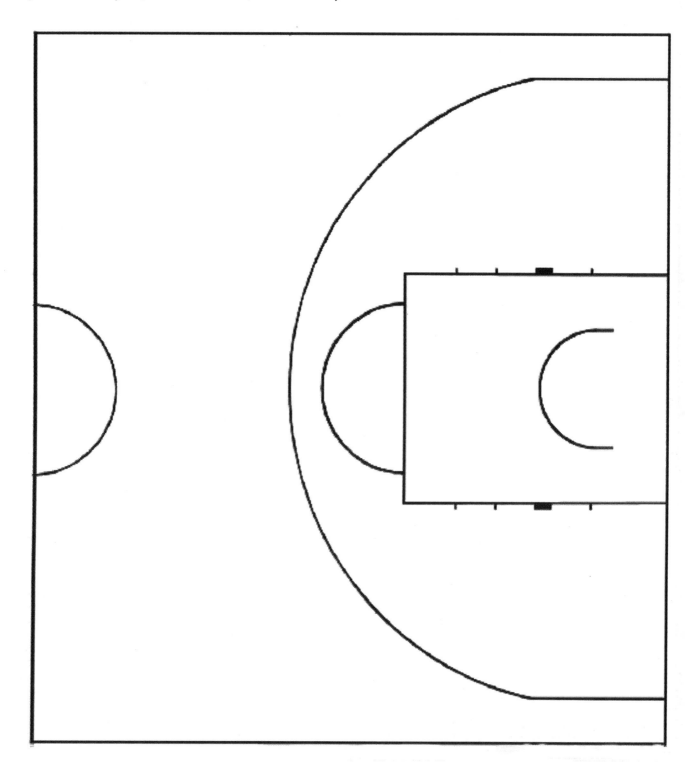

Date:		Team:												Home			Away	
Location:								Opponent:										

Team Fouls	1st Half	1	2	3	4	5	6	7	8	9	10	10+	Time Outs	Half	20s		60s	
	2nd Half	1	2	3	4	5	6	7	8	9	10	10+		Full	20s		60s	

No	Player	PF (1-6)	RB		BS	AS	ST	TO	FGM-A	3FM-A	FTM-A	PTS				Tot
			OR	DR								1st Q	2st Q	3st Q	4st Q	
									/	/	/					
									/	/	/					
									/	/	/					
									/	/	/					
									/	/	/					
									/	/	/					
									/	/	/					
									/	/	/					
									/	/	/					
									/	/	/					
									/	/	/					
									/	/	/					
									/	/	/					
									/	/	/					
									/	/	/					
	TOTALS								/	/	/					

Team Score

1	2	3	4	5	6	7	8	9	10	11	12	13	14	15	16	17	18	19	20	21	22	23	24	25
26	27	28	29	30	31	32	33	34	35	36	37	38	39	40	41	42	43	44	45	46	47	48	49	50
51	52	53	54	55	56	57	58	59	60	61	62	63	64	65	66	67	68	69	70	71	72	73	74	75
76	77	78	79	80	81	82	83	84	85	86	87	88	89	90	91	92	93	94	95	96	97	98	99	100
101	102	103	104	105	106	107	108	109	110	111	112	113	114	115	116	117	118	119	120	121	122	123	124	125

Mark your top players shots

(For example, O for Done, X for Fail)

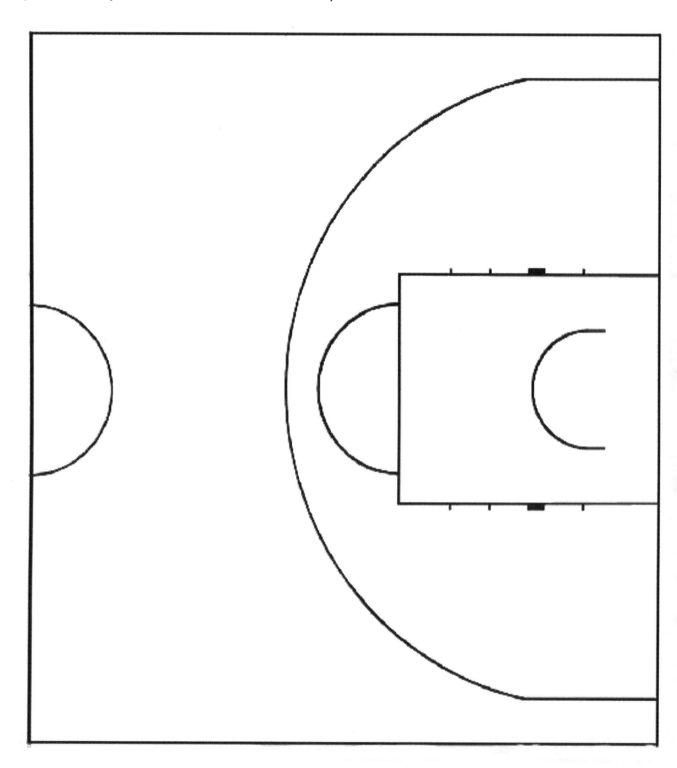

Date:		Team:												Home			Away	
Location:							Opponent:											

Team Fouls	1st Half	1	2	3	4	5	6	7	8	9	10	10+	Time Outs	Half	20s		60s	
	2nd Half	1	2	3	4	5	6	7	8	9	10	10+		Full	20s		60s	

No	Player	PF (1-6)	RB		BS	AS	ST	TO	FGM-A	3FM-A	FTM-A	PTS				
			OR	DR								1st Q	2st Q	3st Q	4st Q	Tot
									/	/	/					
									/	/	/					
									/	/	/					
									/	/	/					
									/	/	/					
									/	/	/					
									/	/	/					
									/	/	/					
									/	/	/					
									/	/	/					
									/	/	/					
									/	/	/					
									/	/	/					
									/	/	/					
									/	/	/					
	TOTALS								/	/	/					

Team Score

1	2	3	4	5	6	7	8	9	10	11	12	13	14	15	16	17	18	19	20	21	22	23	24	25
26	27	28	29	30	31	32	33	34	35	36	37	38	39	40	41	42	43	44	45	46	47	48	49	50
51	52	53	54	55	56	57	58	59	60	61	62	63	64	65	66	67	68	69	70	71	72	73	74	75
76	77	78	79	80	81	82	83	84	85	86	87	88	89	90	91	92	93	94	95	96	97	98	99	100
101	102	103	104	105	106	107	108	109	110	111	112	113	114	115	116	117	118	119	120	121	122	123	124	125

Mark your top players shots

(For example, O for Done, X for Fail)

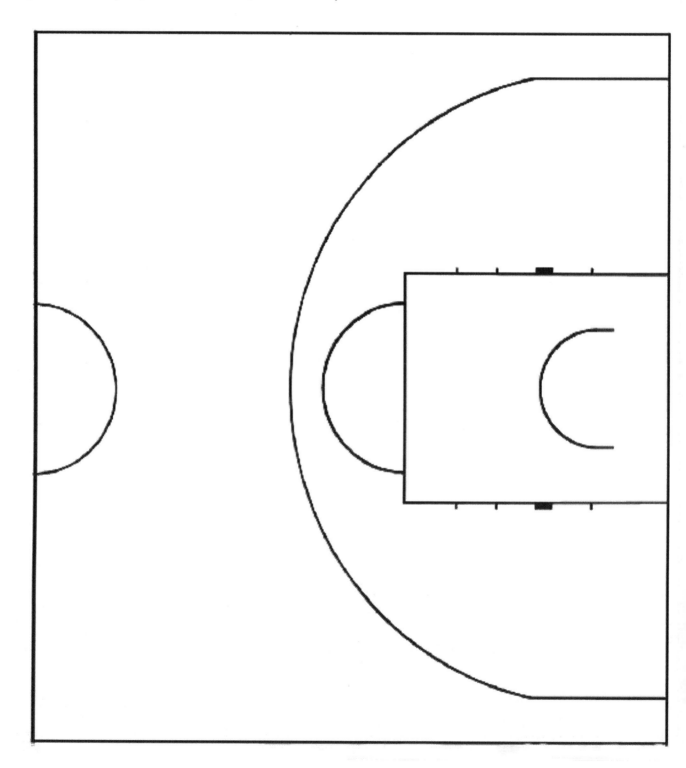

Date:		Team:											Home			Away	

Location:							Opponent:										

Team Fouls	1st Half	1	2	3	4	5	6	7	8	9	10	10+	Time Outs	Half	20s		60s	
	2nd Half	1	2	3	4	5	6	7	8	9	10	10+		Full	20s		60s	

No	Player	PF (1-6)	RB		BS	AS	ST	TO	FGM-A	3FM-A	FTM-A	PTS				
			OR	DR								1st Q	2st Q	3st Q	4st Q	Tot
									/	/	/					
									/	/	/					
									/	/	/					
									/	/	/					
									/	/	/					
									/	/	/					
									/	/	/					
									/	/	/					
									/	/	/					
									/	/	/					
									/	/	/					
									/	/	/					
									/	/	/					
									/	/	/					
	TOTALS								/	/	/					

Team Score

1	2	3	4	5	6	7	8	9	10	11	12	13	14	15	16	17	18	19	20	21	22	23	24	25
26	27	28	29	30	31	32	33	34	35	36	37	38	39	40	41	42	43	44	45	46	47	48	49	50
51	52	53	54	55	56	57	58	59	60	61	62	63	64	65	66	67	68	69	70	71	72	73	74	75
76	77	78	79	80	81	82	83	84	85	86	87	88	89	90	91	92	93	94	95	96	97	98	99	100
101	102	103	104	105	106	107	108	109	110	111	112	113	114	115	116	117	118	119	120	121	122	123	124	125

Mark your top players shots

(For example, O for Done, X for Fail)

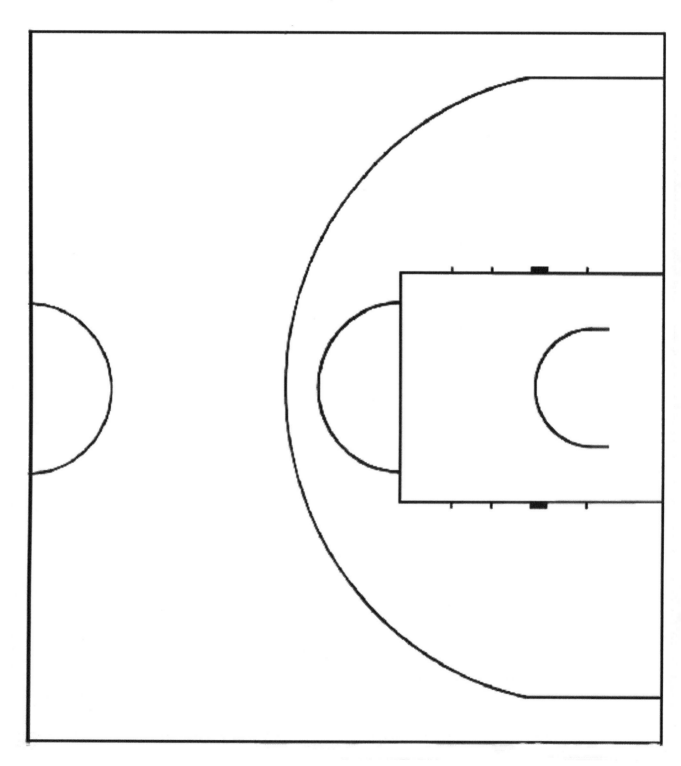

Date:		Team:													Home		Away	
Location:							Opponent:											
Team Fouls	1st Half	1	2	3	4	5	6	7	8	9	10	10+	Time Outs		Half	20s		60s	
	2nd Half	1	2	3	4	5	6	7	8	9	10	10+			Full	20s		60s	

No	Player	PF (1-6)	RB		BS	AS	ST	TO	FGM-A	3FM-A	FTM-A	PTS				Tot
			OR	DR								1st Q	2st Q	3st Q	4st Q	
									/	/	/					
									/	/	/					
									/	/	/					
									/	/	/					
									/	/	/					
									/	/	/					
									/	/	/					
									/	/	/					
									/	/	/					
									/	/	/					
									/	/	/					
									/	/	/					
									/	/	/					
									/	/	/					
									/	/	/					
									/	/	/					
	TOTALS								/	/	/					

Team Score

1	2	3	4	5	6	7	8	9	10	11	12	13	14	15	16	17	18	19	20	21	22	23	24	25
26	27	28	29	30	31	32	33	34	35	36	37	38	39	40	41	42	43	44	45	46	47	48	49	50
51	52	53	54	55	56	57	58	59	60	61	62	63	64	65	66	67	68	69	70	71	72	73	74	75
76	77	78	79	80	81	82	83	84	85	86	87	88	89	90	91	92	93	94	95	96	97	98	99	100
101	102	103	104	105	106	107	108	109	110	111	112	113	114	115	116	117	118	119	120	121	122	123	124	125

Mark your top players shots

(For example, O for Done, X for Fail)

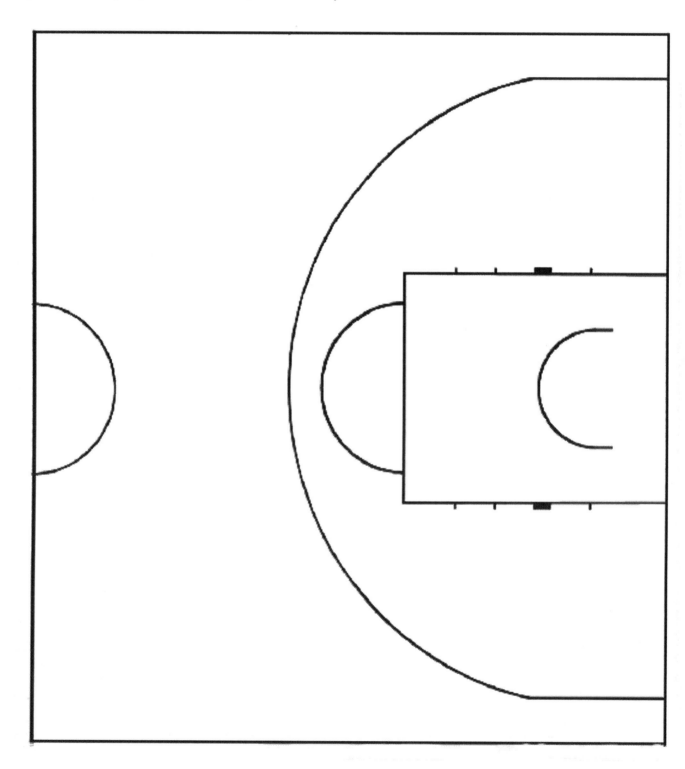

Date:		Team:											Home			Away	

Location:								Opponent:									

Team Fouls	1st Half	1	2	3	4	5	6	7	8	9	10	10+	Time Outs	Half	20s		60s	
	2nd Half	1	2	3	4	5	6	7	8	9	10	10+		Full	20s		60s	

No	Player	PF (1-6)	RB		BS	AS	ST	TO	FGM-A	3FM-A	FTM-A	PTS				
			OR	DR								1st Q	2st Q	3st Q	4st Q	Tot
									/	/	/					
									/	/	/					
									/	/	/					
									/	/	/					
									/	/	/					
									/	/	/					
									/	/	/					
									/	/	/					
									/	/	/					
									/	/	/					
									/	/	/					
									/	/	/					
									/	/	/					
									/	/	/					
									/	/	/					
									/	/	/					
	TOTALS								/	/	/					

Team Score

1	2	3	4	5	6	7	8	9	10	11	12	13	14	15	16	17	18	19	20	21	22	23	24	25
26	27	28	29	30	31	32	33	34	35	36	37	38	39	40	41	42	43	44	45	46	47	48	49	50
51	52	53	54	55	56	57	58	59	60	61	62	63	64	65	66	67	68	69	70	71	72	73	74	75
76	77	78	79	80	81	82	83	84	85	86	87	88	89	90	91	92	93	94	95	96	97	98	99	100
101	102	103	104	105	106	107	108	109	110	111	112	113	114	115	116	117	118	119	120	121	122	123	124	125

Mark your top players shots

(For example, O for Done, X for Fail)

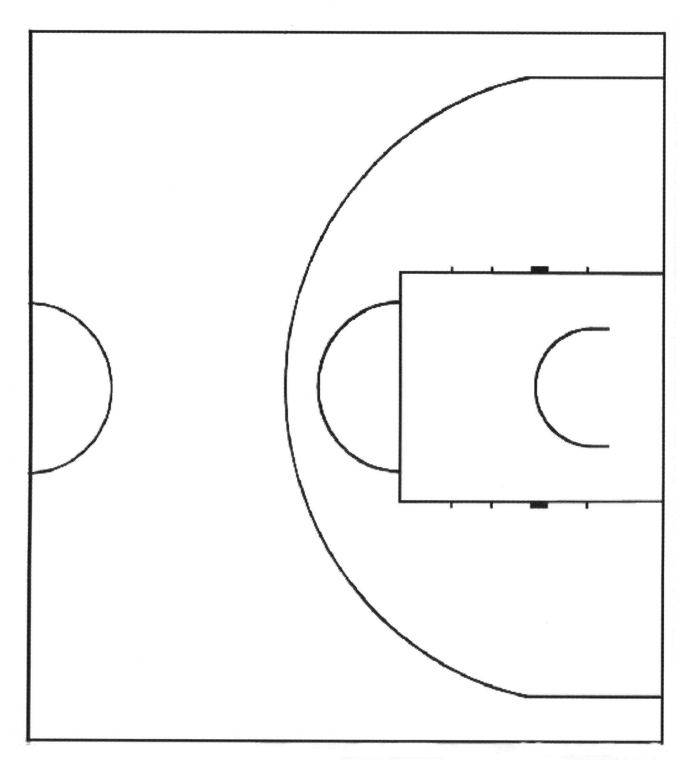

Date:		Team:												Home		Away	
Location:						Opponent:											

Team Fouls	1st Half	1	2	3	4	5	6	7	8	9	10	10+	Time Outs	Half	20s		60s	
	2nd Half	1	2	3	4	5	6	7	8	9	10	10+		Full	20s		60s	

No	Player	PF (1-6)	RB		BS	AS	ST	TO	FGM-A	3FM-A	FTM-A	PTS				Tot
			OR	DR								1st Q	2st Q	3st Q	4st Q	
									/	/	/					
									/	/	/					
									/	/	/					
									/	/	/					
									/	/	/					
									/	/	/					
									/	/	/					
									/	/	/					
									/	/	/					
									/	/	/					
									/	/	/					
									/	/	/					
									/	/	/					
									/	/	/					
									/	/	/					
	TOTALS								/	/	/					

Team Score

1	2	3	4	5	6	7	8	9	10	11	12	13	14	15	16	17	18	19	20	21	22	23	24	25
26	27	28	29	30	31	32	33	34	35	36	37	38	39	40	41	42	43	44	45	46	47	48	49	50
51	52	53	54	55	56	57	58	59	60	61	62	63	64	65	66	67	68	69	70	71	72	73	74	75
76	77	78	79	80	81	82	83	84	85	86	87	88	89	90	91	92	93	94	95	96	97	98	99	100
101	102	103	104	105	106	107	108	109	110	111	112	113	114	115	116	117	118	119	120	121	122	123	124	125

Mark your top players shots

(For example, O for Done, X for Fail)

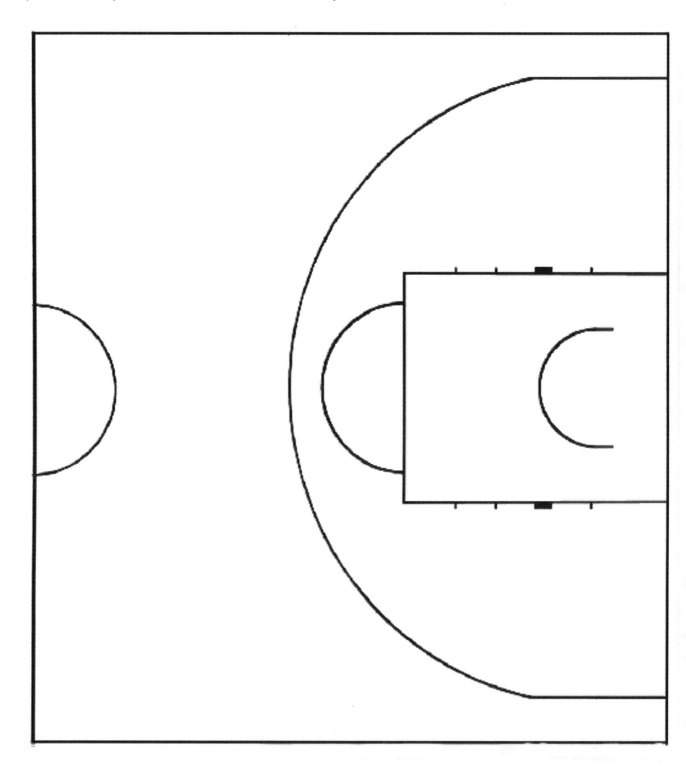

Date:		Team:												Home			Away	
Location:							Opponent:											

Team Fouls	1st Half	1	2	3	4	5	6	7	8	9	10	10+	Time Outs	Half	20s		60s	
	2nd Half	1	2	3	4	5	6	7	8	9	10	10+		Full	20s		60s	

No	Player	PF (1-6)	RB		BS	AS	ST	TO	FGM-A	3FM-A	FTM-A	PTS				
			OR	DR								1st Q	2st Q	3st Q	4st Q	Tot
									/	/	/					
									/	/	/					
									/	/	/					
									/	/	/					
									/	/	/					
									/	/	/					
									/	/	/					
									/	/	/					
									/	/	/					
									/	/	/					
									/	/	/					
									/	/	/					
									/	/	/					
									/	/	/					
									/	/	/					
	TOTALS								/	/	/					

Team Score

1	2	3	4	5	6	7	8	9	10	11	12	13	14	15	16	17	18	19	20	21	22	23	24	25
26	27	28	29	30	31	32	33	34	35	36	37	38	39	40	41	42	43	44	45	46	47	48	49	50
51	52	53	54	55	56	57	58	59	60	61	62	63	64	65	66	67	68	69	70	71	72	73	74	75
76	77	78	79	80	81	82	83	84	85	86	87	88	89	90	91	92	93	94	95	96	97	98	99	100
101	102	103	104	105	106	107	108	109	110	111	112	113	114	115	116	117	118	119	120	121	122	123	124	125

Mark your top players shots

(For example, O for Done, X for Fail)

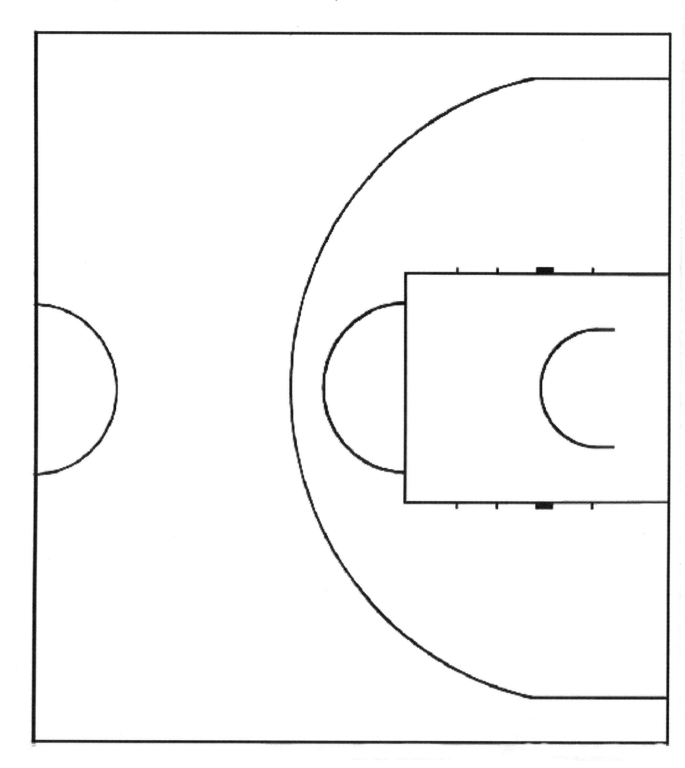

Date:		Team:											Home			Away	
Location:							Opponent:										

Team Fouls	1st Half	1	2	3	4	5	6	7	8	9	10	10+	Time Outs	Half	20s		60s	
	2nd Half	1	2	3	4	5	6	7	8	9	10	10+		Full	20s		60s	

No	Player	PF (1-6)	RB		BS	AS	ST	TO	FGM-A	3FM-A	FTM-A	PTS				
			OR	DR								1st Q	2st Q	3st Q	4st Q	Tot
									/	/	/					
									/	/	/					
									/	/	/					
									/	/	/					
									/	/	/					
									/	/	/					
									/	/	/					
									/	/	/					
									/	/	/					
									/	/	/					
									/	/	/					
									/	/	/					
									/	/	/					
									/	/	/					
									/	/	/					
	TOTALS								/	/	/					

Team Score

1	2	3	4	5	6	7	8	9	10	11	12	13	14	15	16	17	18	19	20	21	22	23	24	25
26	27	28	29	30	31	32	33	34	35	36	37	38	39	40	41	42	43	44	45	46	47	48	49	50
51	52	53	54	55	56	57	58	59	60	61	62	63	64	65	66	67	68	69	70	71	72	73	74	75
76	77	78	79	80	81	82	83	84	85	86	87	88	89	90	91	92	93	94	95	96	97	98	99	100
101	102	103	104	105	106	107	108	109	110	111	112	113	114	115	116	117	118	119	120	121	122	123	124	125

Mark your top players shots

(For example, O for Done, X for Fail)

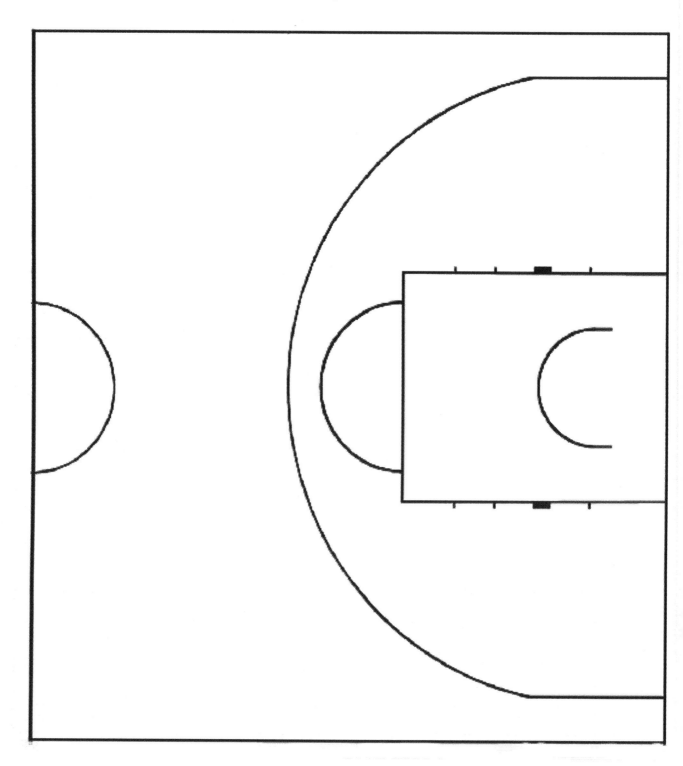

Date:		Team:											Home			Away	
Location:					Opponent:												

Team Fouls	1st Half	1	2	3	4	5	6	7	8	9	10	10+	Time Outs	Half	20s		60s	
	2nd Half	1	2	3	4	5	6	7	8	9	10	10+		Full	20s		60s	

No	Player	PF (1-6)	RB		BS	AS	ST	TO	FGM-A	3FM-A	FTM-A	PTS				
			OR	DR								1st Q	2st Q	3st Q	4st Q	Tot
									/	/	/					
									/	/	/					
									/	/	/					
									/	/	/					
									/	/	/					
									/	/	/					
									/	/	/					
									/	/	/					
									/	/	/					
									/	/	/					
									/	/	/					
									/	/	/					
									/	/	/					
									/	/	/					
									/	/	/					
	TOTALS								/	/	/					

Team Score

1	2	3	4	5	6	7	8	9	10	11	12	13	14	15	16	17	18	19	20	21	22	23	24	25
26	27	28	29	30	31	32	33	34	35	36	37	38	39	40	41	42	43	44	45	46	47	48	49	50
51	52	53	54	55	56	57	58	59	60	61	62	63	64	65	66	67	68	69	70	71	72	73	74	75
76	77	78	79	80	81	82	83	84	85	86	87	88	89	90	91	92	93	94	95	96	97	98	99	100
101	102	103	104	105	106	107	108	109	110	111	112	113	114	115	116	117	118	119	120	121	122	123	124	125

Mark your top players shots

(For example, O for Done, X for Fail)

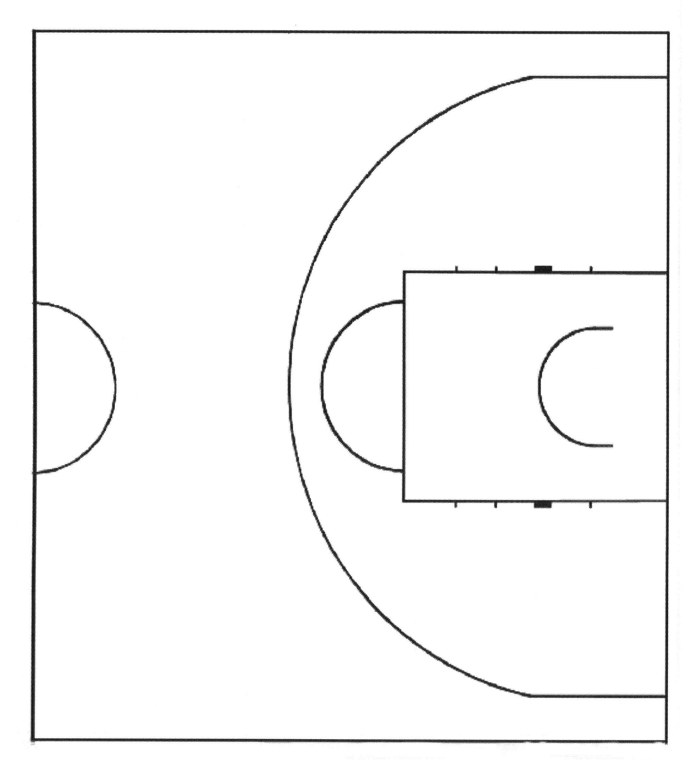

Date:		Team:											Home			Away	
Location:						Opponent:											
Team Fouls	1st Half	1	2	3	4	5	6	7	8	9	10	10+	Time Outs	Half	20s		60s	
	2nd Half	1	2	3	4	5	6	7	8	9	10	10+		Full	20s		60s	

No	Player	PF (1-6)	RB		BS	AS	ST	TO	FGM-A	3FM-A	FTM-A	PTS				
			OR	DR								1st Q	2st Q	3st Q	4st Q	Tot
									/	/	/					
									/	/	/					
									/	/	/					
									/	/	/					
									/	/	/					
									/	/	/					
									/	/	/					
									/	/	/					
									/	/	/					
									/	/	/					
									/	/	/					
									/	/	/					
									/	/	/					
									/	/	/					
									/	/	/					
	TOTALS								/	/	/					

Team Score

1	2	3	4	5	6	7	8	9	10	11	12	13	14	15	16	17	18	19	20	21	22	23	24	25
26	27	28	29	30	31	32	33	34	35	36	37	38	39	40	41	42	43	44	45	46	47	48	49	50
51	52	53	54	55	56	57	58	59	60	61	62	63	64	65	66	67	68	69	70	71	72	73	74	75
76	77	78	79	80	81	82	83	84	85	86	87	88	89	90	91	92	93	94	95	96	97	98	99	100
101	102	103	104	105	106	107	108	109	110	111	112	113	114	115	116	117	118	119	120	121	122	123	124	125

Mark your top players shots

(For example, O for Done, X for Fail)

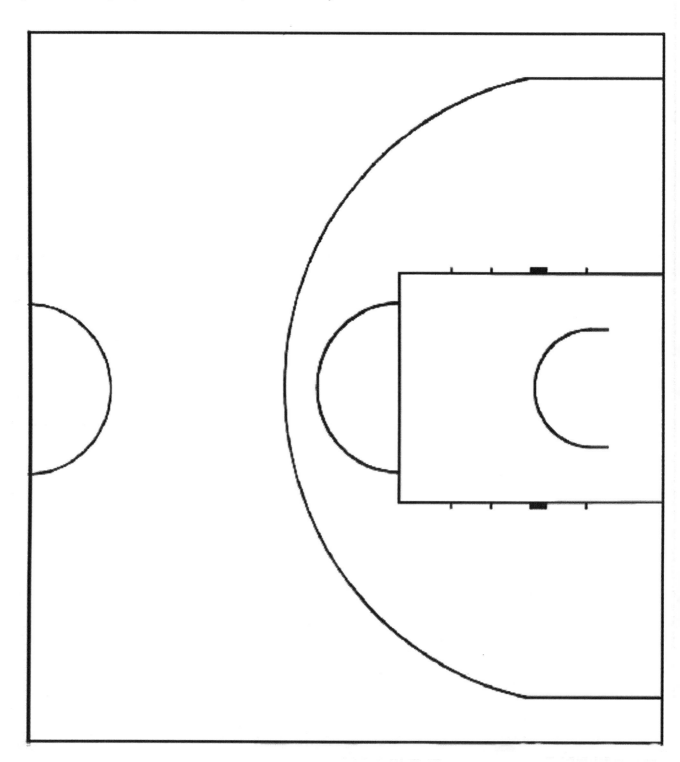

Date:		Team:												Home		Away	

Location:							Opponent:										

Team Fouls	1st Half	1	2	3	4	5	6	7	8	9	10	10+	Time Outs	Half	20s		60s	
	2nd Half	1	2	3	4	5	6	7	8	9	10	10+		Full	20s		60s	

No	Player	PF (1-6)	RB		BS	AS	ST	TO	FGM-A	3FM-A	FTM-A	PTS				Tot
			OR	DR								1st Q	2st Q	3st Q	4st Q	
									/	/	/					
									/	/	/					
									/	/	/					
									/	/	/					
									/	/	/					
									/	/	/					
									/	/	/					
									/	/	/					
									/	/	/					
									/	/	/					
									/	/	/					
									/	/	/					
									/	/	/					
									/	/	/					
									/	/	/					
									/	/	/					
	TOTALS								/	/	/					

Team Score

1	2	3	4	5	6	7	8	9	10	11	12	13	14	15	16	17	18	19	20	21	22	23	24	25
26	27	28	29	30	31	32	33	34	35	36	37	38	39	40	41	42	43	44	45	46	47	48	49	50
51	52	53	54	55	56	57	58	59	60	61	62	63	64	65	66	67	68	69	70	71	72	73	74	75
76	77	78	79	80	81	82	83	84	85	86	87	88	89	90	91	92	93	94	95	96	97	98	99	100
101	102	103	104	105	106	107	108	109	110	111	112	113	114	115	116	117	118	119	120	121	122	123	124	125

Mark your top players shots

(For example, O for Done, X for Fail)

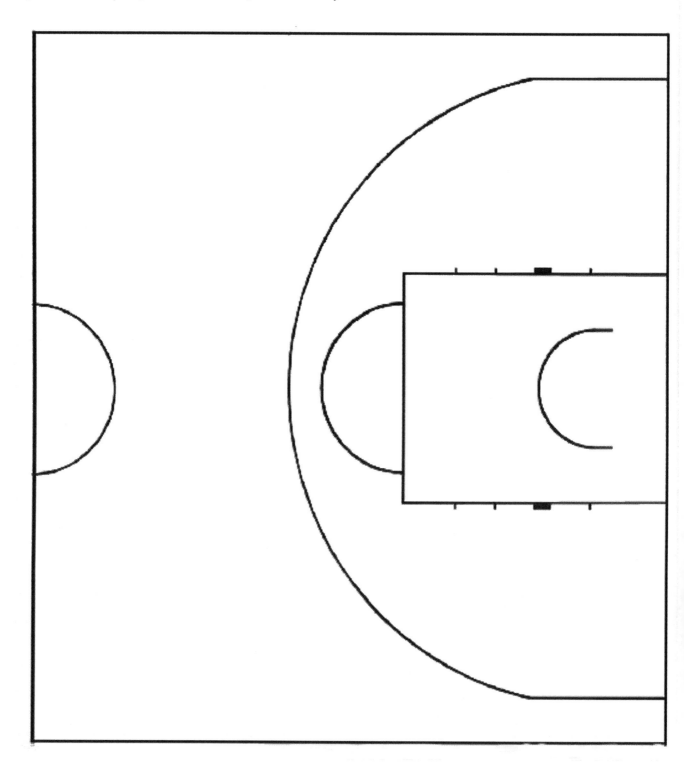

Date:		Team:											Home			Away	

Location:							Opponent:										

Team Fouls	1st Half	1	2	3	4	5	6	7	8	9	10	10+	Time Outs	Half	20s		60s	
	2nd Half	1	2	3	4	5	6	7	8	9	10	10+		Full	20s		60s	

No	Player	PF (1-6)	RB		BS	AS	ST	TO	FGM-A	3FM-A	FTM-A	PTS				
			OR	DR								1st Q	2st Q	3st Q	4st Q	Tot
									/	/	/					
									/	/	/					
									/	/	/					
									/	/	/					
									/	/	/					
									/	/	/					
									/	/	/					
									/	/	/					
									/	/	/					
									/	/	/					
									/	/	/					
									/	/	/					
									/	/	/					
									/	/	/					
									/	/	/					
									/	/	/					
	TOTALS								/	/	/					

Team Score

1	2	3	4	5	6	7	8	9	10	11	12	13	14	15	16	17	18	19	20	21	22	23	24	25
26	27	28	29	30	31	32	33	34	35	36	37	38	39	40	41	42	43	44	45	46	47	48	49	50
51	52	53	54	55	56	57	58	59	60	61	62	63	64	65	66	67	68	69	70	71	72	73	74	75
76	77	78	79	80	81	82	83	84	85	86	87	88	89	90	91	92	93	94	95	96	97	98	99	100
101	102	103	104	105	106	107	108	109	110	111	112	113	114	115	116	117	118	119	120	121	122	123	124	125

Mark your top players shots

(For example, O for Done, X for Fail)

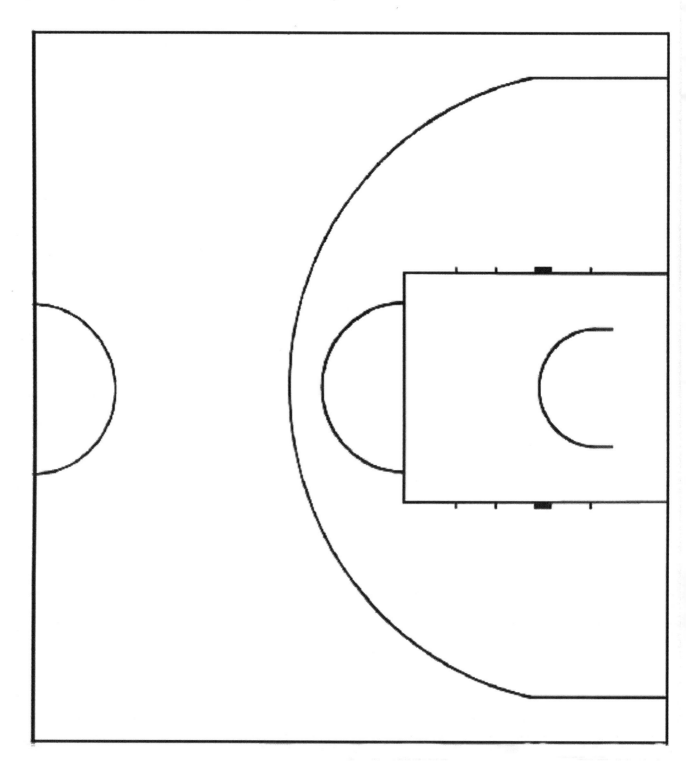

Date:		Team:											Home			Away	
Location:							Opponent:										
Team Fouls	1st Half	1	2	3	4	5	6	7	8	9	10	10+	Time Outs	Half	20s		60s	
	2nd Half	1	2	3	4	5	6	7	8	9	10	10+		Full	20s		60s	

No	Player	PF (1-6)	RB		BS	AS	ST	TO	FGM-A	3FM-A	FTM-A	PTS				
			OR	DR								1st Q	2st Q	3st Q	4st Q	Tot
									/	/	/					
									/	/	/					
									/	/	/					
									/	/	/					
									/	/	/					
									/	/	/					
									/	/	/					
									/	/	/					
									/	/	/					
									/	/	/					
									/	/	/					
									/	/	/					
									/	/	/					
									/	/	/					
									/	/	/					
									/	/	/					
	TOTALS								/	/	/					

Team Score

1	2	3	4	5	6	7	8	9	10	11	12	13	14	15	16	17	18	19	20	21	22	23	24	25
26	27	28	29	30	31	32	33	34	35	36	37	38	39	40	41	42	43	44	45	46	47	48	49	50
51	52	53	54	55	56	57	58	59	60	61	62	63	64	65	66	67	68	69	70	71	72	73	74	75
76	77	78	79	80	81	82	83	84	85	86	87	88	89	90	91	92	93	94	95	96	97	98	99	100
101	102	103	104	105	106	107	108	109	110	111	112	113	114	115	116	117	118	119	120	121	122	123	124	125

Mark your top players shots

(For example, O for Done, X for Fail)

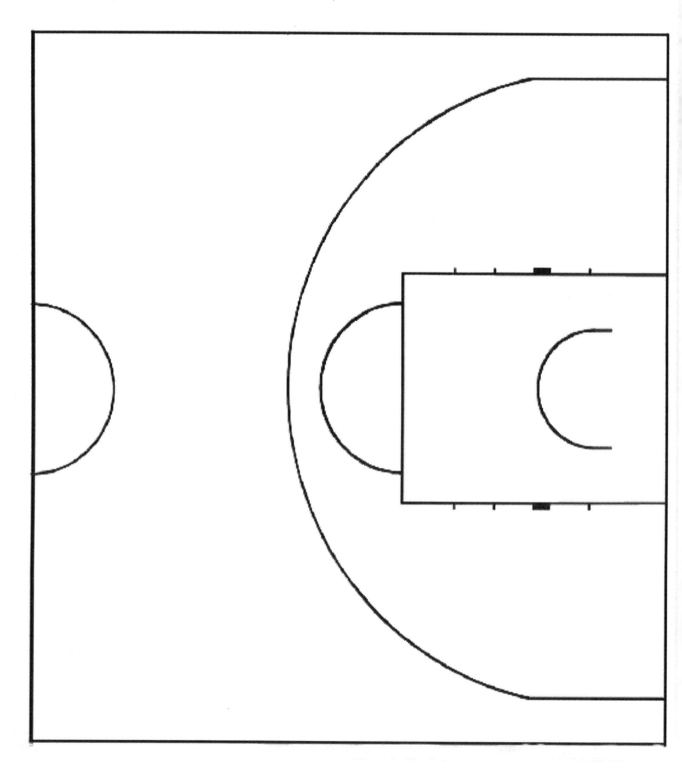

Date:		Team:											Home		Away	
Location:						Opponent:										

Team Fouls	1st Half	1	2	3	4	5	6	7	8	9	10	10+	Time Outs	Half	20s		60s	
	2nd Half	1	2	3	4	5	6	7	8	9	10	10+		Full	20s		60s	

No	Player	PF (1-6)	RB		BS	AS	ST	TO	FGM-A	3FM-A	FTM-A	PTS				Tot
			OR	DR								1st Q	2st Q	3st Q	4st Q	
									/	/	/					
									/	/	/					
									/	/	/					
									/	/	/					
									/	/	/					
									/	/	/					
									/	/	/					
									/	/	/					
									/	/	/					
									/	/	/					
									/	/	/					
									/	/	/					
									/	/	/					
									/	/	/					
									/	/	/					
	TOTALS								/	/	/					

Team Score

1	2	3	4	5	6	7	8	9	10	11	12	13	14	15	16	17	18	19	20	21	22	23	24	25
26	27	28	29	30	31	32	33	34	35	36	37	38	39	40	41	42	43	44	45	46	47	48	49	50
51	52	53	54	55	56	57	58	59	60	61	62	63	64	65	66	67	68	69	70	71	72	73	74	75
76	77	78	79	80	81	82	83	84	85	86	87	88	89	90	91	92	93	94	95	96	97	98	99	100
101	102	103	104	105	106	107	108	109	110	111	112	113	114	115	116	117	118	119	120	121	122	123	124	125

Mark your top players shots

(For example, O for Done, X for Fail)

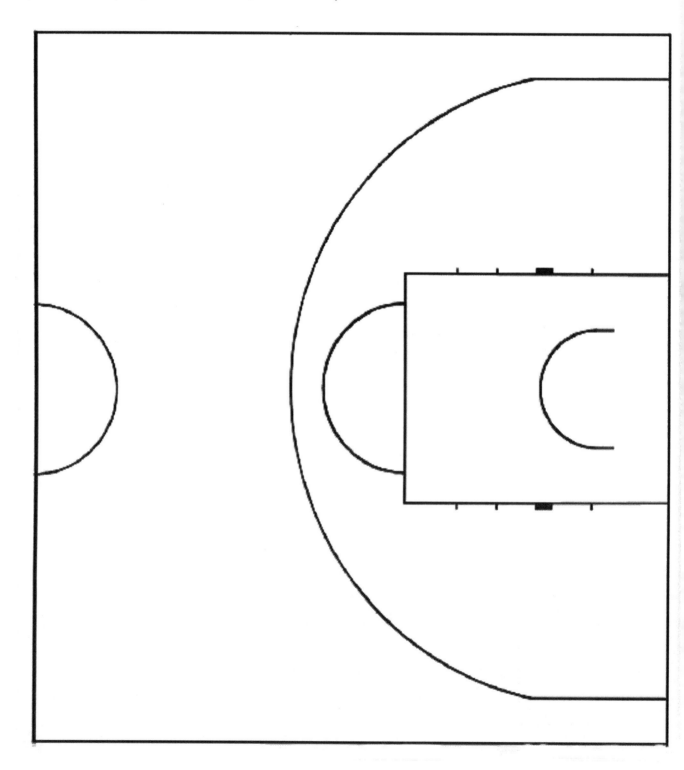

Date:		Team:											Home			Away	
Location:						Opponent:											

Team Fouls	1st Half	1	2	3	4	5	6	7	8	9	10	10+	Time Outs	Half	20s		60s	
	2nd Half	1	2	3	4	5	6	7	8	9	10	10+		Full	20s		60s	

No	Player	PF (1-6)	RB		BS	AS	ST	TO	FGM-A	3FM-A	FTM-A	PTS				
			OR	DR								1st Q	2st Q	3st Q	4st Q	Tot
									/	/	/					
									/	/	/					
									/	/	/					
									/	/	/					
									/	/	/					
									/	/	/					
									/	/	/					
									/	/	/					
									/	/	/					
									/	/	/					
									/	/	/					
									/	/	/					
									/	/	/					
									/	/	/					
									/	/	/					
	TOTALS								/	/	/					

Team Score

1	2	3	4	5	6	7	8	9	10	11	12	13	14	15	16	17	18	19	20	21	22	23	24	25
26	27	28	29	30	31	32	33	34	35	36	37	38	39	40	41	42	43	44	45	46	47	48	49	50
51	52	53	54	55	56	57	58	59	60	61	62	63	64	65	66	67	68	69	70	71	72	73	74	75
76	77	78	79	80	81	82	83	84	85	86	87	88	89	90	91	92	93	94	95	96	97	98	99	100
101	102	103	104	105	106	107	108	109	110	111	112	113	114	115	116	117	118	119	120	121	122	123	124	125

Mark your top players shots

(For example, O for Done, X for Fail)

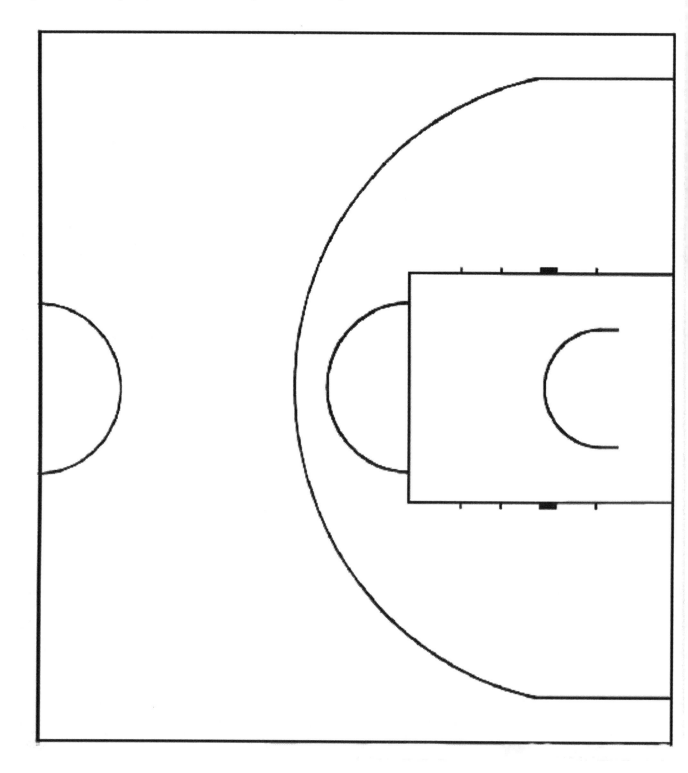

Date:		Team:											Home			Away	

Location:											Opponent:						

Team Fouls	1st Half	1	2	3	4	5	6	7	8	9	10	10+	Time Outs	Half	20s		60s	
	2nd Half	1	2	3	4	5	6	7	8	9	10	10+		Full	20s		60s	

No	Player	PF (1-6)	RB		BS	AS	ST	TO	FGM-A	3FM-A	FTM-A	PTS				
			OR	DR								1st Q	2st Q	3st Q	4st Q	Tot
									/	/	/					
									/	/	/					
									/	/	/					
									/	/	/					
									/	/	/					
									/	/	/					
									/	/	/					
									/	/	/					
									/	/	/					
									/	/	/					
									/	/	/					
									/	/	/					
									/	/	/					
									/	/	/					
									/	/	/					
	TOTALS								/	/	/					

Team Score

1	2	3	4	5	6	7	8	9	10	11	12	13	14	15	16	17	18	19	20	21	22	23	24	25
26	27	28	29	30	31	32	33	34	35	36	37	38	39	40	41	42	43	44	45	46	47	48	49	50
51	52	53	54	55	56	57	58	59	60	61	62	63	64	65	66	67	68	69	70	71	72	73	74	75
76	77	78	79	80	81	82	83	84	85	86	87	88	89	90	91	92	93	94	95	96	97	98	99	100
101	102	103	104	105	106	107	108	109	110	111	112	113	114	115	116	117	118	119	120	121	122	123	124	125

Mark your top players shots

(For example, O for Done, X for Fail)

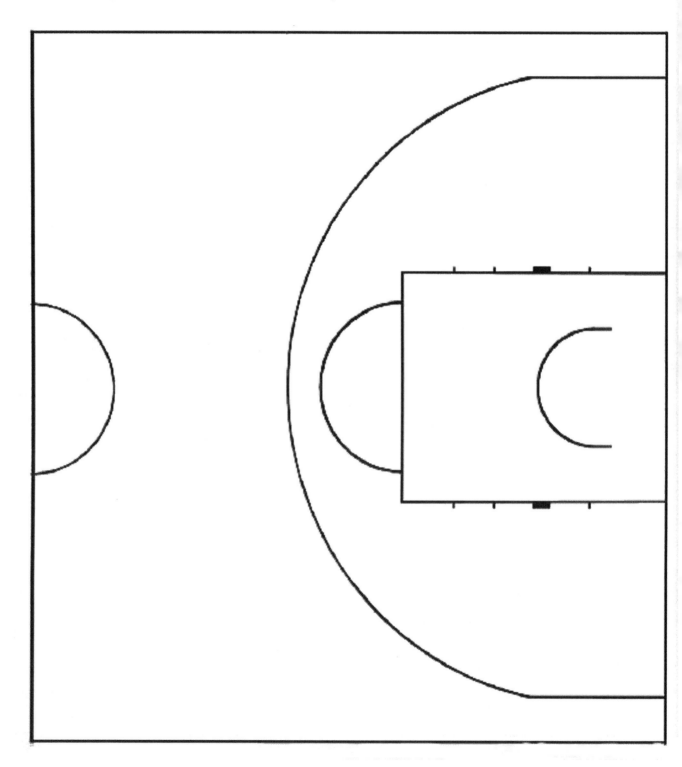

Date:		Team:												Home			Away	
Location:							Opponent:											

Team Fouls	1st Half	1	2	3	4	5	6	7	8	9	10	10+	Time Outs	Half	20s		60s	
	2nd Half	1	2	3	4	5	6	7	8	9	10	10+		Full	20s		60s	

No	Player	PF (1-6)	RB		BS	AS	ST	TO	FGM-A	3FM-A	FTM-A	PTS				
			OR	DR								1st Q	2st Q	3st Q	4st Q	Tot
									/	/	/					
									/	/	/					
									/	/	/					
									/	/	/					
									/	/	/					
									/	/	/					
									/	/	/					
									/	/	/					
									/	/	/					
									/	/	/					
									/	/	/					
									/	/	/					
									/	/	/					
									/	/	/					
									/	/	/					
	TOTALS								/	/	/					

Team Score

1	2	3	4	5	6	7	8	9	10	11	12	13	14	15	16	17	18	19	20	21	22	23	24	25
26	27	28	29	30	31	32	33	34	35	36	37	38	39	40	41	42	43	44	45	46	47	48	49	50
51	52	53	54	55	56	57	58	59	60	61	62	63	64	65	66	67	68	69	70	71	72	73	74	75
76	77	78	79	80	81	82	83	84	85	86	87	88	89	90	91	92	93	94	95	96	97	98	99	100
101	102	103	104	105	106	107	108	109	110	111	112	113	114	115	116	117	118	119	120	121	122	123	124	125

Mark your top players shots

(For example, O for Done, X for Fail)

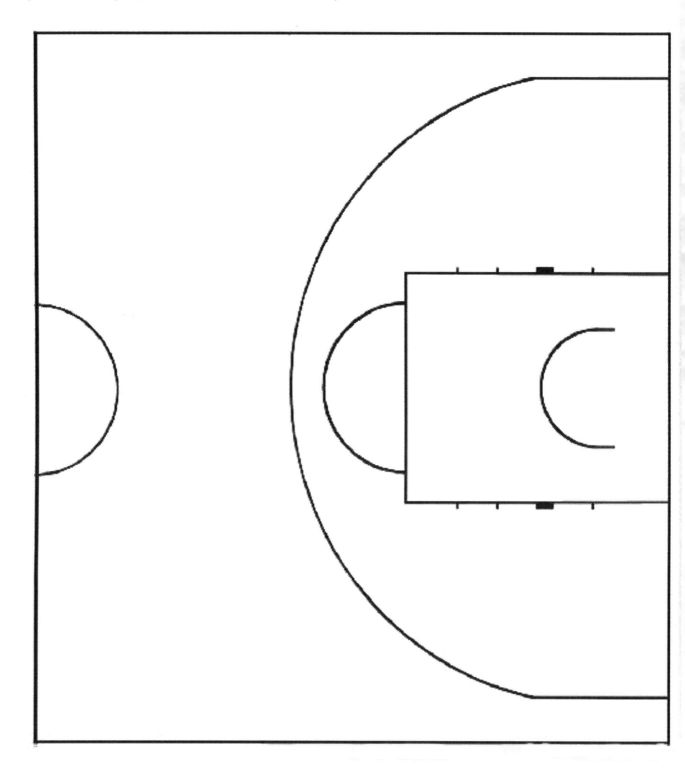

Date:		Team:											Home			Away	
Location:							Opponent:										
Team Fouls	1st Half	1	2	3	4	5	6	7	8	9	10	10+	Time Outs	Half	20s		60s	
	2nd Half	1	2	3	4	5	6	7	8	9	10	10+		Full	20s		60s	

No	Player	PF (1-6)	RB		BS	AS	ST	TO	FGM-A	3FM-A	FTM-A	PTS				
			OR	DR								1st Q	2st Q	3st Q	4st Q	Tot
									/	/	/					
									/	/	/					
									/	/	/					
									/	/	/					
									/	/	/					
									/	/	/					
									/	/	/					
									/	/	/					
									/	/	/					
									/	/	/					
									/	/	/					
									/	/	/					
									/	/	/					
									/	/	/					
									/	/	/					
									/	/	/					
	TOTALS								/	/	/					

Team Score

1	2	3	4	5	6	7	8	9	10	11	12	13	14	15	16	17	18	19	20	21	22	23	24	25
26	27	28	29	30	31	32	33	34	35	36	37	38	39	40	41	42	43	44	45	46	47	48	49	50
51	52	53	54	55	56	57	58	59	60	61	62	63	64	65	66	67	68	69	70	71	72	73	74	75
76	77	78	79	80	81	82	83	84	85	86	87	88	89	90	91	92	93	94	95	96	97	98	99	100
101	102	103	104	105	106	107	108	109	110	111	112	113	114	115	116	117	118	119	120	121	122	123	124	125

Mark your top players shots

(For example, O for Done, X for Fail)

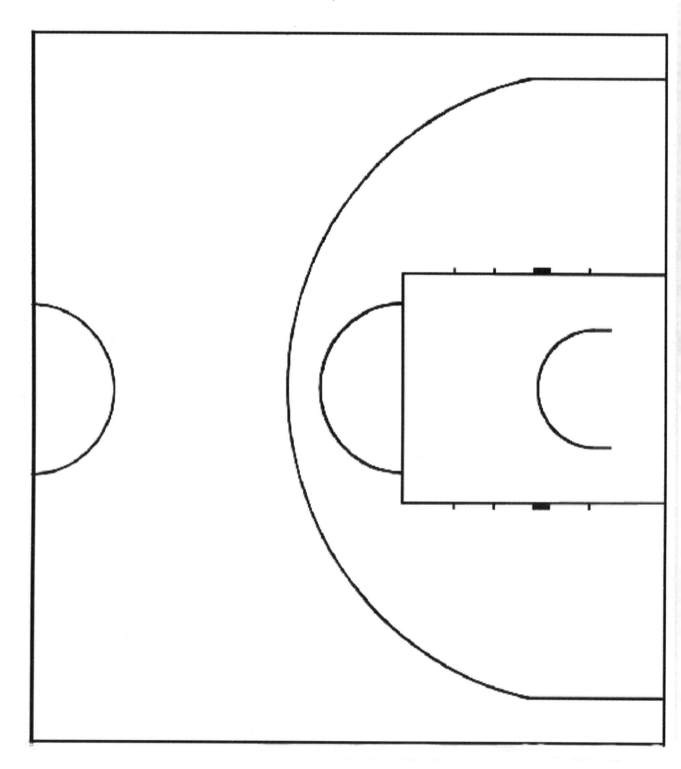

Date:		Team:												Home			Away	
Location:							Opponent:											

Team Fouls	1st Half	1	2	3	4	5	6	7	8	9	10	10+	Time Outs	Half	20s		60s	
	2nd Half	1	2	3	4	5	6	7	8	9	10	10+		Full	20s		60s	

No	Player	PF (1-6)	RB		BS	AS	ST	TO	FGM-A	3FM-A	FTM-A	PTS				
			OR	DR								1st Q	2st Q	3st Q	4st Q	Tot
									/	/	/					
									/	/	/					
									/	/	/					
									/	/	/					
									/	/	/					
									/	/	/					
									/	/	/					
									/	/	/					
									/	/	/					
									/	/	/					
									/	/	/					
									/	/	/					
									/	/	/					
									/	/	/					
									/	/	/					
	TOTALS								/	/	/					

Team Score

1	2	3	4	5	6	7	8	9	10	11	12	13	14	15	16	17	18	19	20	21	22	23	24	25
26	27	28	29	30	31	32	33	34	35	36	37	38	39	40	41	42	43	44	45	46	47	48	49	50
51	52	53	54	55	56	57	58	59	60	61	62	63	64	65	66	67	68	69	70	71	72	73	74	75
76	77	78	79	80	81	82	83	84	85	86	87	88	89	90	91	92	93	94	95	96	97	98	99	100
101	102	103	104	105	106	107	108	109	110	111	112	113	114	115	116	117	118	119	120	121	122	123	124	125

Mark your top players shots

(For example, O for Done, X for Fail)

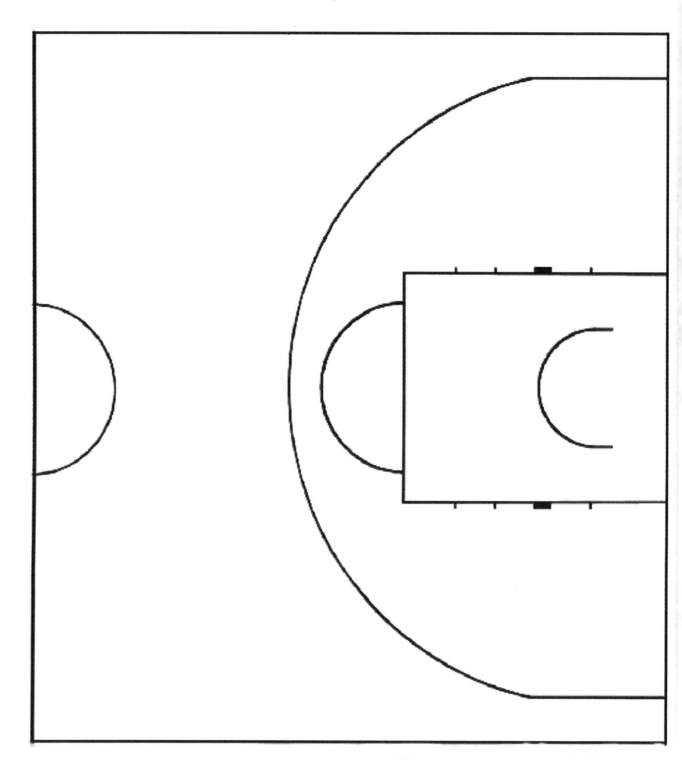

Date:						Team:											Home		Away	
Location:								Opponent:												

Team Fouls	1st Half	1	2	3	4	5	6	7	8	9	10	10+	Time Outs	Half	20s		60s	
	2nd Half	1	2	3	4	5	6	7	8	9	10	10+		Full	20s		60s	

No	Player	PF (1-6)	RB		BS	AS	ST	TO	FGM-A	3FM-A	FTM-A	PTS				
			OR	DR								1st Q	2st Q	3st Q	4st Q	Tot
									/	/	/					
									/	/	/					
									/	/	/					
									/	/	/					
									/	/	/					
									/	/	/					
									/	/	/					
									/	/	/					
									/	/	/					
									/	/	/					
									/	/	/					
									/	/	/					
									/	/	/					
									/	/	/					
									/	/	/					
	TOTALS								/	/	/					

Team Score

1	2	3	4	5	6	7	8	9	10	11	12	13	14	15	16	17	18	19	20	21	22	23	24	25
26	27	28	29	30	31	32	33	34	35	36	37	38	39	40	41	42	43	44	45	46	47	48	49	50
51	52	53	54	55	56	57	58	59	60	61	62	63	64	65	66	67	68	69	70	71	72	73	74	75
76	77	78	79	80	81	82	83	84	85	86	87	88	89	90	91	92	93	94	95	96	97	98	99	100
101	102	103	104	105	106	107	108	109	110	111	112	113	114	115	116	117	118	119	120	121	122	123	124	125

Mark your top players shots

(For example, O for Done, X for Fail)

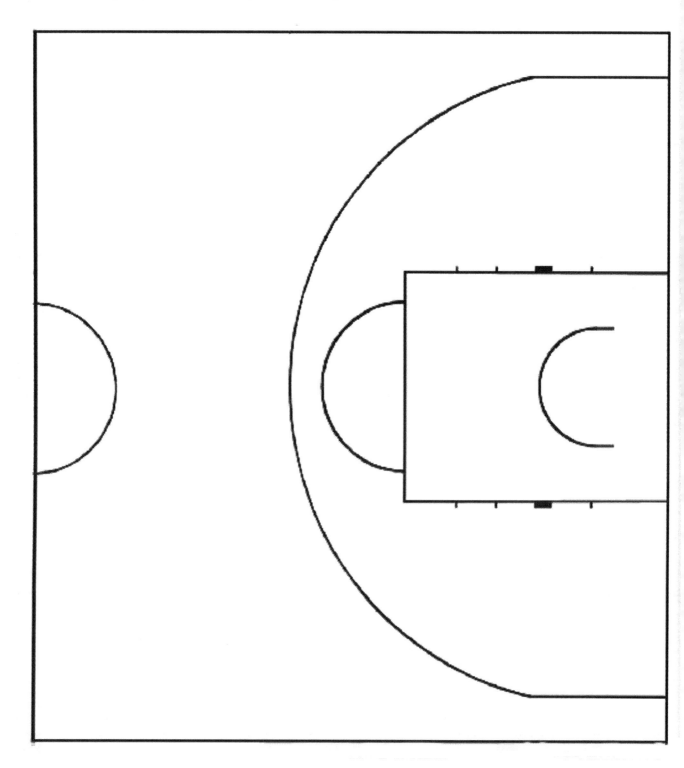

Date:		Team:												Home		Away	
Location:						Opponent:											

Team Fouls	1st Half	1	2	3	4	5	6	7	8	9	10	10+	Time Outs	Half	20s		60s	
	2nd Half	1	2	3	4	5	6	7	8	9	10	10+		Full	20s		60s	

No	Player	PF (1-6)	RB		BS	AS	ST	TO	FGM-A	3FM-A	FTM-A	PTS				Tot
			OR	DR								1st Q	2st Q	3st Q	4st Q	
									/	/	/					
									/	/	/					
									/	/	/					
									/	/	/					
									/	/	/					
									/	/	/					
									/	/	/					
									/	/	/					
									/	/	/					
									/	/	/					
									/	/	/					
									/	/	/					
									/	/	/					
									/	/	/					
									/	/	/					
	TOTALS								/	/	/					

Team Score

1	2	3	4	5	6	7	8	9	10	11	12	13	14	15	16	17	18	19	20	21	22	23	24	25
26	27	28	29	30	31	32	33	34	35	36	37	38	39	40	41	42	43	44	45	46	47	48	49	50
51	52	53	54	55	56	57	58	59	60	61	62	63	64	65	66	67	68	69	70	71	72	73	74	75
76	77	78	79	80	81	82	83	84	85	86	87	88	89	90	91	92	93	94	95	96	97	98	99	100
101	102	103	104	105	106	107	108	109	110	111	112	113	114	115	116	117	118	119	120	121	122	123	124	125

Mark your top players shots

(For example, O for Done, X for Fail)

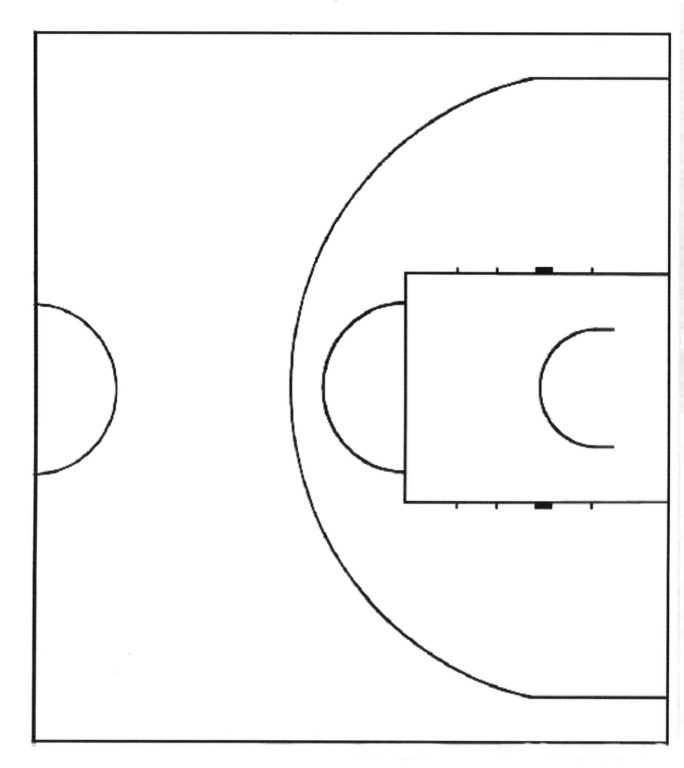

Date:		Team:												Home			Away	
Location:							Opponent:											
Team Fouls	1st Half	1	2	3	4	5	6	7	8	9	10	10+	Time Outs	Half		20s		60s
	2nd Half	1	2	3	4	5	6	7	8	9	10	10+		Full		20s		60s

No	Player	PF (1-6)	RB		BS	AS	ST	TO	FGM-A	3FM-A	FTM-A	PTS				
			OR	DR								1st Q	2st Q	3st Q	4st Q	Tot
									/	/	/					
									/	/	/					
									/	/	/					
									/	/	/					
									/	/	/					
									/	/	/					
									/	/	/					
									/	/	/					
									/	/	/					
									/	/	/					
									/	/	/					
									/	/	/					
									/	/	/					
									/	/	/					
									/	/	/					
	TOTALS								/	/	/					

Team Score

1	2	3	4	5	6	7	8	9	10	11	12	13	14	15	16	17	18	19	20	21	22	23	24	25
26	27	28	29	30	31	32	33	34	35	36	37	38	39	40	41	42	43	44	45	46	47	48	49	50
51	52	53	54	55	56	57	58	59	60	61	62	63	64	65	66	67	68	69	70	71	72	73	74	75
76	77	78	79	80	81	82	83	84	85	86	87	88	89	90	91	92	93	94	95	96	97	98	99	100
101	102	103	104	105	106	107	108	109	110	111	112	113	114	115	116	117	118	119	120	121	122	123	124	125

Mark your top players shots

(For example, O for Done, X for Fail)

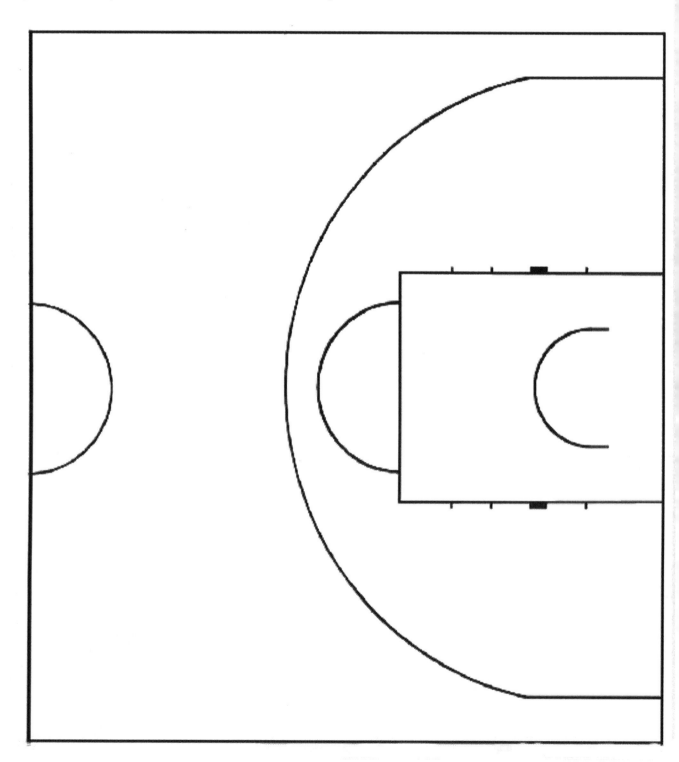

Date:		Team:											Home			Away	

Location:							Opponent:										

| Team Fouls | 1st Half | 1 | 2 | 3 | 4 | 5 | 6 | 7 | 8 | 9 | 10 | 10+ | Time Outs | Half | 20s | | 60s | |
| | 2nd Half | 1 | 2 | 3 | 4 | 5 | 6 | 7 | 8 | 9 | 10 | 10+ | | Full | 20s | | 60s | |

No	Player	PF (1-6)	RB		BS	AS	ST	TO	FGM-A	3FM-A	FTM-A	PTS				
			OR	DR								1st Q	2st Q	3st Q	4st Q	Tot
									/	/	/					
									/	/	/					
									/	/	/					
									/	/	/					
									/	/	/					
									/	/	/					
									/	/	/					
									/	/	/					
									/	/	/					
									/	/	/					
									/	/	/					
									/	/	/					
									/	/	/					
									/	/	/					
									/	/	/					
	TOTALS								/	/	/					

Team Score

1	2	3	4	5	6	7	8	9	10	11	12	13	14	15	16	17	18	19	20	21	22	23	24	25
26	27	28	29	30	31	32	33	34	35	36	37	38	39	40	41	42	43	44	45	46	47	48	49	50
51	52	53	54	55	56	57	58	59	60	61	62	63	64	65	66	67	68	69	70	71	72	73	74	75
76	77	78	79	80	81	82	83	84	85	86	87	88	89	90	91	92	93	94	95	96	97	98	99	100
101	102	103	104	105	106	107	108	109	110	111	112	113	114	115	116	117	118	119	120	121	122	123	124	125

Mark your top players shots

(For example, O for Done, X for Fail)

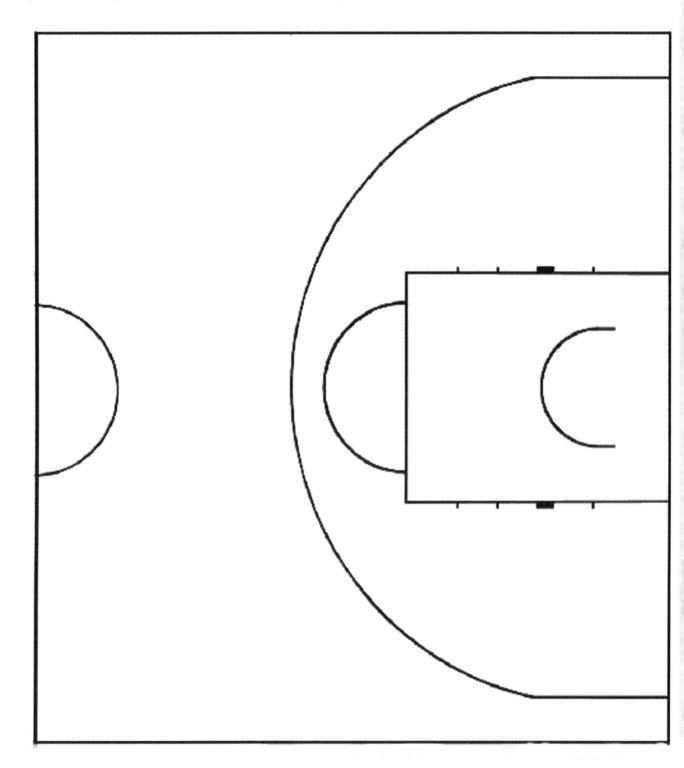

Date:		Team:												Home			Away	
Location:							Opponent:											

Team Fouls	1st Half	1	2	3	4	5	6	7	8	9	10	10+	Time Outs	Half	20s		60s	
	2nd Half	1	2	3	4	5	6	7	8	9	10	10+		Full	20s		60s	

No	Player	PF (1-6)	RB		BS	AS	ST	TO	FGM-A	3FM-A	FTM-A	PTS				
			OR	DR								1st Q	2st Q	3st Q	4st Q	Tot
									/	/	/					
									/	/	/					
									/	/	/					
									/	/	/					
									/	/	/					
									/	/	/					
									/	/	/					
									/	/	/					
									/	/	/					
									/	/	/					
									/	/	/					
									/	/	/					
									/	/	/					
									/	/	/					
									/	/	/					
	TOTALS								/	/	/					

Team Score

1	2	3	4	5	6	7	8	9	10	11	12	13	14	15	16	17	18	19	20	21	22	23	24	25
26	27	28	29	30	31	32	33	34	35	36	37	38	39	40	41	42	43	44	45	46	47	48	49	50
51	52	53	54	55	56	57	58	59	60	61	62	63	64	65	66	67	68	69	70	71	72	73	74	75
76	77	78	79	80	81	82	83	84	85	86	87	88	89	90	91	92	93	94	95	96	97	98	99	100
101	102	103	104	105	106	107	108	109	110	111	112	113	114	115	116	117	118	119	120	121	122	123	124	125

Mark your top players shots

(For example, O for Done, X for Fail)

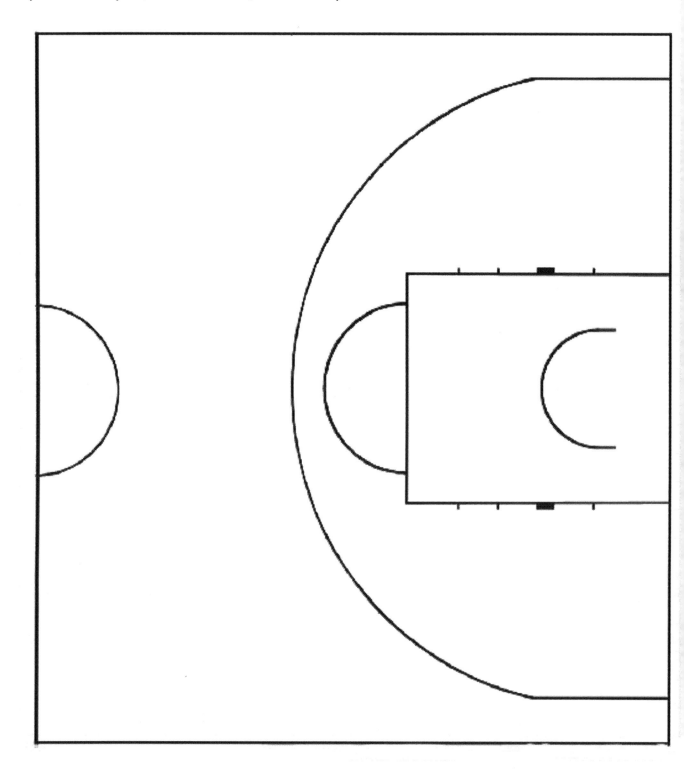

Date:						Team:									Home			Away	
Location:						Opponent:													

Team Fouls	1st Half	1	2	3	4	5	6	7	8	9	10	10+	Time Outs	Half	20s		60s	
	2nd Half	1	2	3	4	5	6	7	8	9	10	10+		Full	20s		60s	

No	Player	PF (1-6)	RB		BS	AS	ST	TO	FGM-A	3FM-A	FTM-A	PTS				Tot
			OR	DR								1st Q	2st Q	3st Q	4st Q	
									/	/	/					
									/	/	/					
									/	/	/					
									/	/	/					
									/	/	/					
									/	/	/					
									/	/	/					
									/	/	/					
									/	/	/					
									/	/	/					
									/	/	/					
									/	/	/					
									/	/	/					
									/	/	/					
									/	/	/					
	TOTALS								/	/	/					

Team Score

1	2	3	4	5	6	7	8	9	10	11	12	13	14	15	16	17	18	19	20	21	22	23	24	25
26	27	28	29	30	31	32	33	34	35	36	37	38	39	40	41	42	43	44	45	46	47	48	49	50
51	52	53	54	55	56	57	58	59	60	61	62	63	64	65	66	67	68	69	70	71	72	73	74	75
76	77	78	79	80	81	82	83	84	85	86	87	88	89	90	91	92	93	94	95	96	97	98	99	100
101	102	103	104	105	106	107	108	109	110	111	112	113	114	115	116	117	118	119	120	121	122	123	124	125

Mark your top players shots

(For example, O for Done, X for Fail)

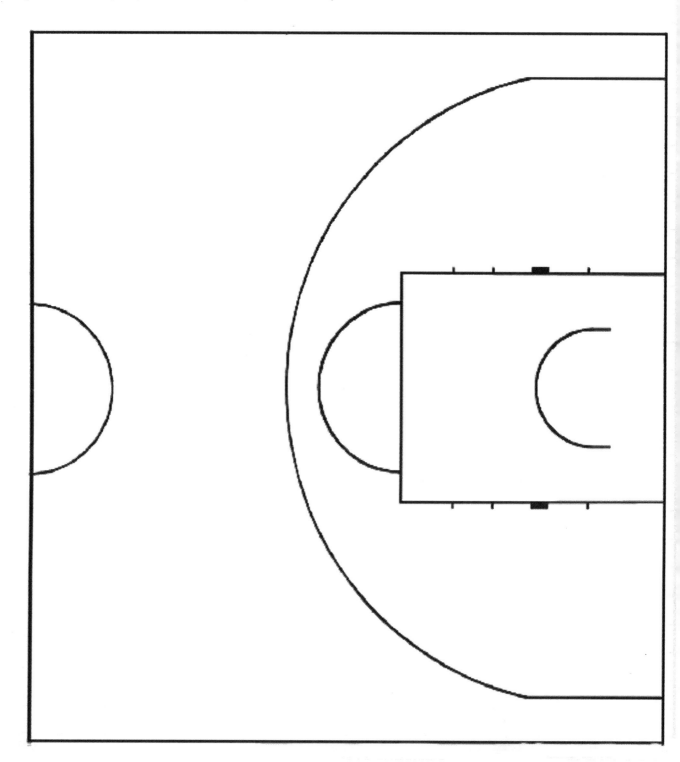

Date:		Team:												Home			Away	
Location:						Opponent:												

Team Fouls	1st Half	1	2	3	4	5	6	7	8	9	10	10+	Time Outs	Half	20s		60s	
	2nd Half	1	2	3	4	5	6	7	8	9	10	10+		Full	20s		60s	

No	Player	PF (1-6)	RB		BS	AS	ST	TO	FGM-A	3FM-A	FTM-A	PTS				Tot
			OR	DR								1st Q	2st Q	3st Q	4st Q	
									/	/	/					
									/	/	/					
									/	/	/					
									/	/	/					
									/	/	/					
									/	/	/					
									/	/	/					
									/	/	/					
									/	/	/					
									/	/	/					
									/	/	/					
									/	/	/					
									/	/	/					
									/	/	/					
									/	/	/					
									/	/	/					
	TOTALS								/	/	/					

Team Score

1	2	3	4	5	6	7	8	9	10	11	12	13	14	15	16	17	18	19	20	21	22	23	24	25
26	27	28	29	30	31	32	33	34	35	36	37	38	39	40	41	42	43	44	45	46	47	48	49	50
51	52	53	54	55	56	57	58	59	60	61	62	63	64	65	66	67	68	69	70	71	72	73	74	75
76	77	78	79	80	81	82	83	84	85	86	87	88	89	90	91	92	93	94	95	96	97	98	99	100
101	102	103	104	105	106	107	108	109	110	111	112	113	114	115	116	117	118	119	120	121	122	123	124	125

Mark your top players shots

(For example, O for Done, X for Fail)

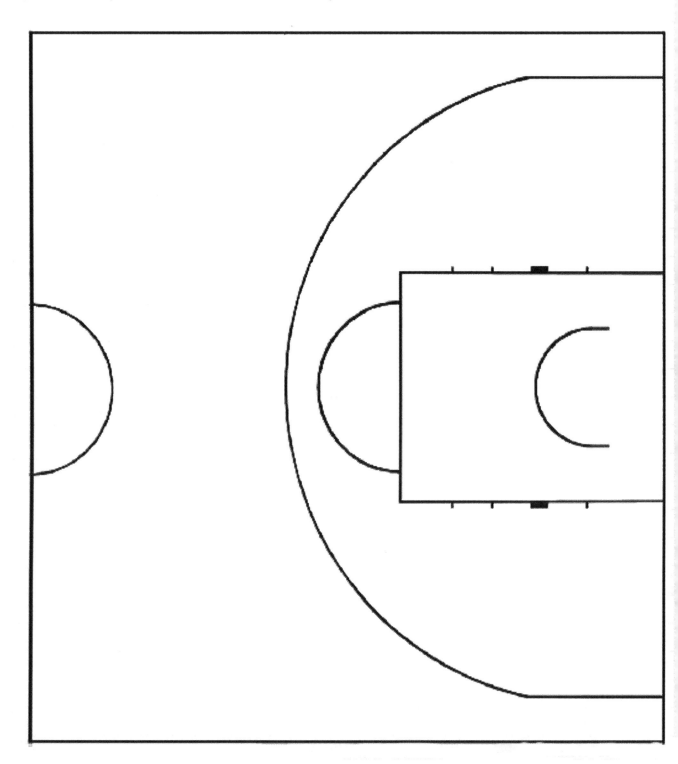

Date:		Team:												Home		Away	
Location:						Opponent:											

Team Fouls	1st Half	1	2	3	4	5	6	7	8	9	10	10+	Time Outs		Half	20s		60s	
	2nd Half	1	2	3	4	5	6	7	8	9	10	10+			Full	20s		60s	

No	Player	PF (1-6)	RB		BS	AS	ST	TO	FGM-A	3FM-A	FTM-A	PTS				Tot
			OR	DR								1st Q	2st Q	3st Q	4st Q	
									/	/	/					
									/	/	/					
									/	/	/					
									/	/	/					
									/	/	/					
									/	/	/					
									/	/	/					
									/	/	/					
									/	/	/					
									/	/	/					
									/	/	/					
									/	/	/					
									/	/	/					
									/	/	/					
									/	/	/					
	TOTALS								/	/	/					

Team Score

1	2	3	4	5	6	7	8	9	10	11	12	13	14	15	16	17	18	19	20	21	22	23	24	25
26	27	28	29	30	31	32	33	34	35	36	37	38	39	40	41	42	43	44	45	46	47	48	49	50
51	52	53	54	55	56	57	58	59	60	61	62	63	64	65	66	67	68	69	70	71	72	73	74	75
76	77	78	79	80	81	82	83	84	85	86	87	88	89	90	91	92	93	94	95	96	97	98	99	100
101	102	103	104	105	106	107	108	109	110	111	112	113	114	115	116	117	118	119	120	121	122	123	124	125

Mark your top players shots

(For example, O for Done, X for Fail)

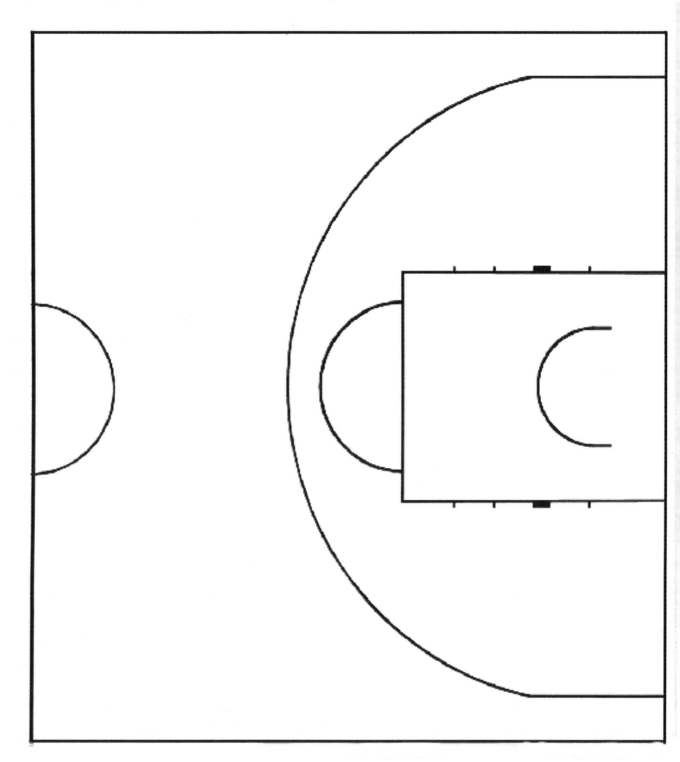

Date:						Team:										Home		Away	
Location:							Opponent:												

Team Fouls	1st Half	1	2	3	4	5	6	7	8	9	10	10+	Time Outs	Half	20s		60s	
	2nd Half	1	2	3	4	5	6	7	8	9	10	10+		Full	20s		60s	

No	Player	PF (1-6)	RB		BS	AS	ST	TO	FGM-A	3FM-A	FTM-A	PTS				Tot
			OR	DR								1st Q	2st Q	3st Q	4st Q	
									/	/	/					
									/	/	/					
									/	/	/					
									/	/	/					
									/	/	/					
									/	/	/					
									/	/	/					
									/	/	/					
									/	/	/					
									/	/	/					
									/	/	/					
									/	/	/					
									/	/	/					
									/	/	/					
									/	/	/					
	TOTALS								/	/	/					

Team Score

1	2	3	4	5	6	7	8	9	10	11	12	13	14	15	16	17	18	19	20	21	22	23	24	25
26	27	28	29	30	31	32	33	34	35	36	37	38	39	40	41	42	43	44	45	46	47	48	49	50
51	52	53	54	55	56	57	58	59	60	61	62	63	64	65	66	67	68	69	70	71	72	73	74	75
76	77	78	79	80	81	82	83	84	85	86	87	88	89	90	91	92	93	94	95	96	97	98	99	100
101	102	103	104	105	106	107	108	109	110	111	112	113	114	115	116	117	118	119	120	121	122	123	124	125

Mark your top players shots

(For example, O for Done, X for Fail)

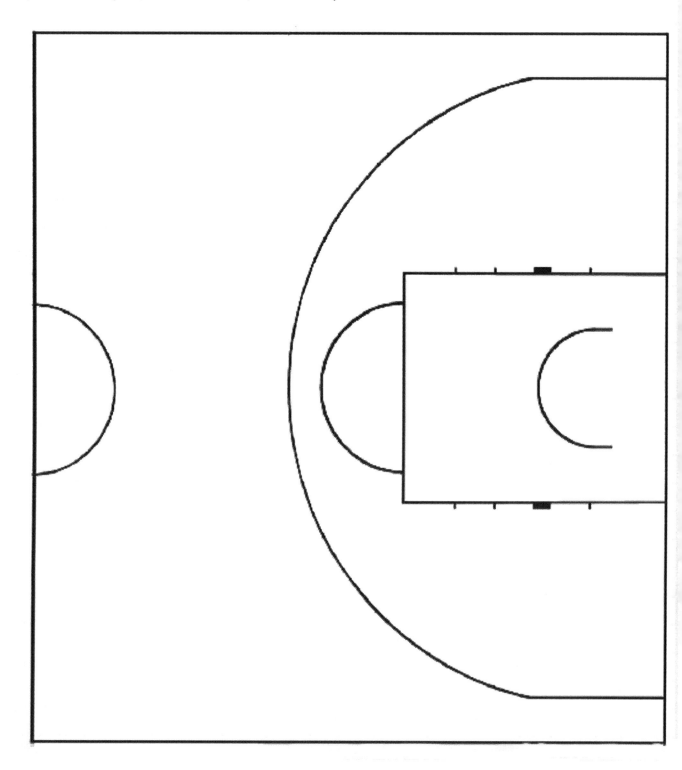

Date:		Team:												Home			Away	
Location:							Opponent:											

Team Fouls	1st Half	1	2	3	4	5	6	7	8	9	10	10+	Time Outs	Half	20s		60s	
	2nd Half	1	2	3	4	5	6	7	8	9	10	10+		Full	20s		60s	

No	Player	PF (1-6)	RB		BS	AS	ST	TO	FGM-A	3FM-A	FTM-A	PTS				Tot
			OR	DR								1st Q	2st Q	3st Q	4st Q	
									/	/	/					
									/	/	/					
									/	/	/					
									/	/	/					
									/	/	/					
									/	/	/					
									/	/	/					
									/	/	/					
									/	/	/					
									/	/	/					
									/	/	/					
									/	/	/					
									/	/	/					
									/	/	/					
									/	/	/					
	TOTALS								/	/	/					

Team Score

1	2	3	4	5	6	7	8	9	10	11	12	13	14	15	16	17	18	19	20	21	22	23	24	25
26	27	28	29	30	31	32	33	34	35	36	37	38	39	40	41	42	43	44	45	46	47	48	49	50
51	52	53	54	55	56	57	58	59	60	61	62	63	64	65	66	67	68	69	70	71	72	73	74	75
76	77	78	79	80	81	82	83	84	85	86	87	88	89	90	91	92	93	94	95	96	97	98	99	100
101	102	103	104	105	106	107	108	109	110	111	112	113	114	115	116	117	118	119	120	121	122	123	124	125

Mark your top players shots

(For example, O for Done, X for Fail)

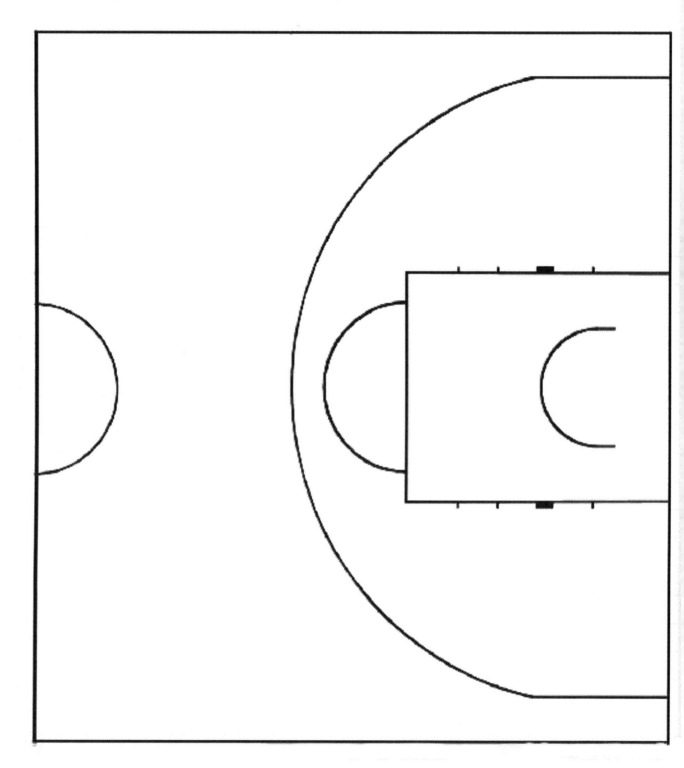

Date:		Team:											Home			Away	
Location:					Opponent:												

Team Fouls	1st Half	1	2	3	4	5	6	7	8	9	10	10+	Time Outs	Half	20s		60s	
	2nd Half	1	2	3	4	5	6	7	8	9	10	10+		Full	20s		60s	

No	Player	PF (1-6)	RB OR	RB DR	BS	AS	ST	TO	FGM-A	3FM-A	FTM-A	PTS 1st Q	2st Q	3st Q	4st Q	Tot
									/	/	/					
									/	/	/					
									/	/	/					
									/	/	/					
									/	/	/					
									/	/	/					
									/	/	/					
									/	/	/					
									/	/	/					
									/	/	/					
									/	/	/					
									/	/	/					
									/	/	/					
									/	/	/					
									/	/	/					
	TOTALS								/	/	/					

Team Score

1	2	3	4	5	6	7	8	9	10	11	12	13	14	15	16	17	18	19	20	21	22	23	24	25
26	27	28	29	30	31	32	33	34	35	36	37	38	39	40	41	42	43	44	45	46	47	48	49	50
51	52	53	54	55	56	57	58	59	60	61	62	63	64	65	66	67	68	69	70	71	72	73	74	75
76	77	78	79	80	81	82	83	84	85	86	87	88	89	90	91	92	93	94	95	96	97	98	99	100
101	102	103	104	105	106	107	108	109	110	111	112	113	114	115	116	117	118	119	120	121	122	123	124	125

Mark your top players shots

(For example, O for Done, X for Fail)

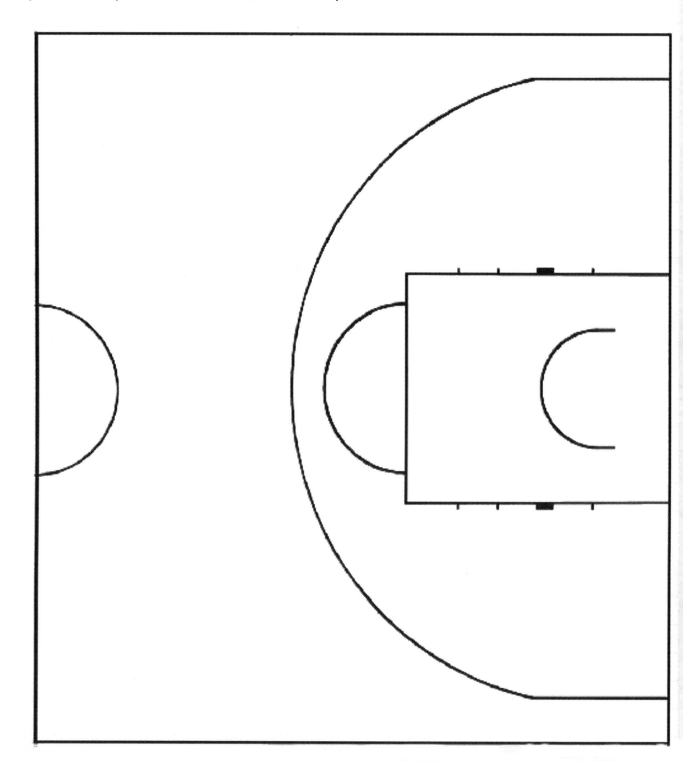

Date:		Team:												Home			Away	
Location:							Opponent:											

Team Fouls	1st Half	1	2	3	4	5	6	7	8	9	10	10+	Time Outs	Half	20s		60s	
	2nd Half	1	2	3	4	5	6	7	8	9	10	10+		Full	20s		60s	

No	Player	PF (1-6)	RB		BS	AS	ST	TO	FGM-A	3FM-A	FTM-A	PTS				Tot
			OR	DR								1st Q	2st Q	3st Q	4st Q	
									/	/	/					
									/	/	/					
									/	/	/					
									/	/	/					
									/	/	/					
									/	/	/					
									/	/	/					
									/	/	/					
									/	/	/					
									/	/	/					
									/	/	/					
									/	/	/					
									/	/	/					
									/	/	/					
									/	/	/					
									/	/	/					
	TOTALS								/	/	/					

Team Score

1	2	3	4	5	6	7	8	9	10	11	12	13	14	15	16	17	18	19	20	21	22	23	24	25
26	27	28	29	30	31	32	33	34	35	36	37	38	39	40	41	42	43	44	45	46	47	48	49	50
51	52	53	54	55	56	57	58	59	60	61	62	63	64	65	66	67	68	69	70	71	72	73	74	75
76	77	78	79	80	81	82	83	84	85	86	87	88	89	90	91	92	93	94	95	96	97	98	99	100
101	102	103	104	105	106	107	108	109	110	111	112	113	114	115	116	117	118	119	120	121	122	123	124	125

Mark your top players shots

(For example, O for Done, X for Fail)

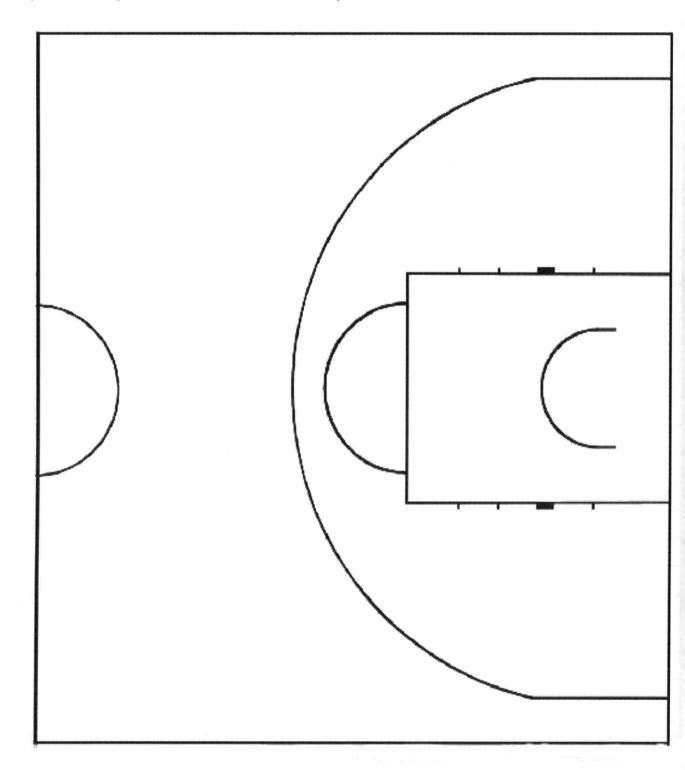

Date:		Team:												Home			Away	

Location:											Opponent:								

| Team Fouls | 1st Half | 1 | 2 | 3 | 4 | 5 | 6 | 7 | 8 | 9 | 10 | 10+ | Time Outs | | Half | 20s | | 60s | |
| | 2nd Half | 1 | 2 | 3 | 4 | 5 | 6 | 7 | 8 | 9 | 10 | 10+ | | | Full | 20s | | 60s | |

No	Player	PF (1-6)	RB		BS	AS	ST	TO	FGM-A	3FM-A	FTM-A	PTS				Tot
			OR	DR								1st Q	2st Q	3st Q	4st Q	
									/	/	/					
									/	/	/					
									/	/	/					
									/	/	/					
									/	/	/					
									/	/	/					
									/	/	/					
									/	/	/					
									/	/	/					
									/	/	/					
									/	/	/					
									/	/	/					
									/	/	/					
									/	/	/					
									/	/	/					
									/	/	/					
	TOTALS								/	/	/					

Team Score

1	2	3	4	5	6	7	8	9	10	11	12	13	14	15	16	17	18	19	20	21	22	23	24	25
26	27	28	29	30	31	32	33	34	35	36	37	38	39	40	41	42	43	44	45	46	47	48	49	50
51	52	53	54	55	56	57	58	59	60	61	62	63	64	65	66	67	68	69	70	71	72	73	74	75
76	77	78	79	80	81	82	83	84	85	86	87	88	89	90	91	92	93	94	95	96	97	98	99	100
101	102	103	104	105	106	107	108	109	110	111	112	113	114	115	116	117	118	119	120	121	122	123	124	125

Mark your top players shots

(For example, O for Done, X for Fail)

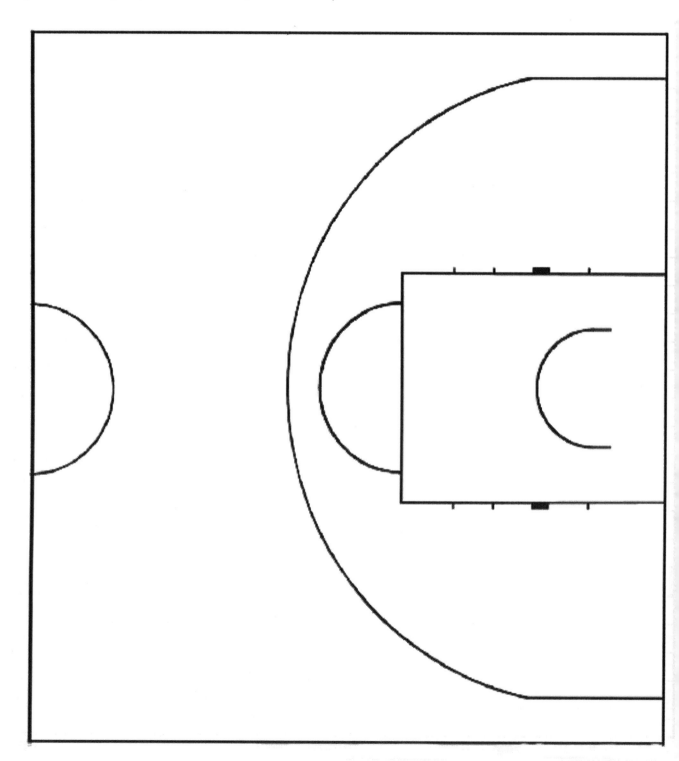

Date:		Team:												Home			Away	
Location:							Opponent:											

Team Fouls	1st Half	1	2	3	4	5	6	7	8	9	10	10+	Time Outs	Half	20s		60s	
	2nd Half	1	2	3	4	5	6	7	8	9	10	10+		Full	20s		60s	

No	Player	PF (1-6)	RB		BS	AS	ST	TO	FGM-A	3FM-A	FTM-A	PTS				
			OR	DR								1st Q	2st Q	3st Q	4st Q	Tot
									/	/	/					
									/	/	/					
									/	/	/					
									/	/	/					
									/	/	/					
									/	/	/					
									/	/	/					
									/	/	/					
									/	/	/					
									/	/	/					
									/	/	/					
									/	/	/					
									/	/	/					
									/	/	/					
									/	/	/					
	TOTALS								/	/	/					

Team Score

1	2	3	4	5	6	7	8	9	10	11	12	13	14	15	16	17	18	19	20	21	22	23	24	25
26	27	28	29	30	31	32	33	34	35	36	37	38	39	40	41	42	43	44	45	46	47	48	49	50
51	52	53	54	55	56	57	58	59	60	61	62	63	64	65	66	67	68	69	70	71	72	73	74	75
76	77	78	79	80	81	82	83	84	85	86	87	88	89	90	91	92	93	94	95	96	97	98	99	100
101	102	103	104	105	106	107	108	109	110	111	112	113	114	115	116	117	118	119	120	121	122	123	124	125

Mark your top players shots

(For example, O for Done, X for Fail)

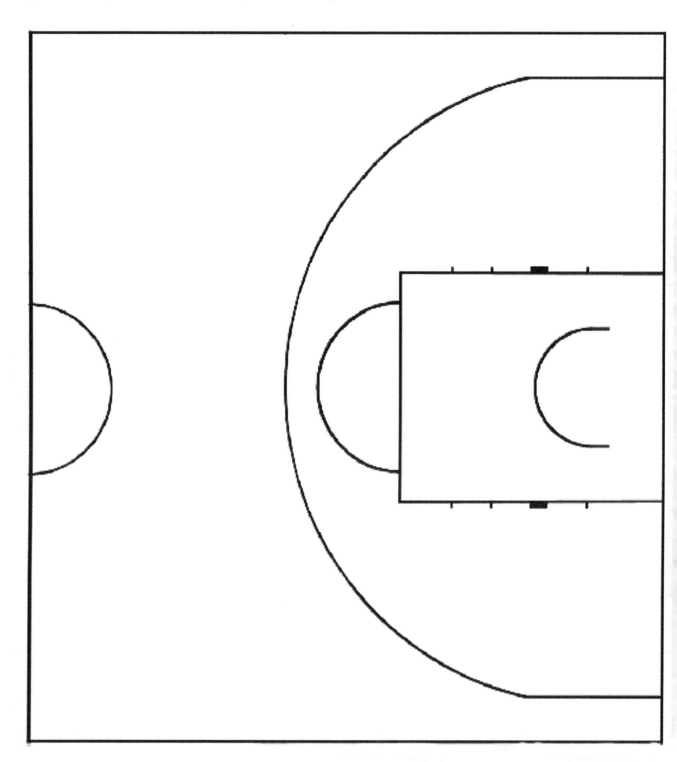

Date:		Team:												Home			Away	
Location:							Opponent:											
Team Fouls	1st Half	1	2	3	4	5	6	7	8	9	10	10+	Time Outs	Half	20s		60s	
	2nd Half	1	2	3	4	5	6	7	8	9	10	10+		Full	20s		60s	

No	Player	PF (1-6)	RB		BS	AS	ST	TO	FGM-A	3FM-A	FTM-A	PTS				
			OR	DR								1st Q	2st Q	3st Q	4st Q	Tot
									/	/	/					
									/	/	/					
									/	/	/					
									/	/	/					
									/	/	/					
									/	/	/					
									/	/	/					
									/	/	/					
									/	/	/					
									/	/	/					
									/	/	/					
									/	/	/					
									/	/	/					
									/	/	/					
									/	/	/					
	TOTALS								/	/	/					

Team Score

1	2	3	4	5	6	7	8	9	10	11	12	13	14	15	16	17	18	19	20	21	22	23	24	25
26	27	28	29	30	31	32	33	34	35	36	37	38	39	40	41	42	43	44	45	46	47	48	49	50
51	52	53	54	55	56	57	58	59	60	61	62	63	64	65	66	67	68	69	70	71	72	73	74	75
76	77	78	79	80	81	82	83	84	85	86	87	88	89	90	91	92	93	94	95	96	97	98	99	100
101	102	103	104	105	106	107	108	109	110	111	112	113	114	115	116	117	118	119	120	121	122	123	124	125

Mark your top players shots

(For example, O for Done, X for Fail)

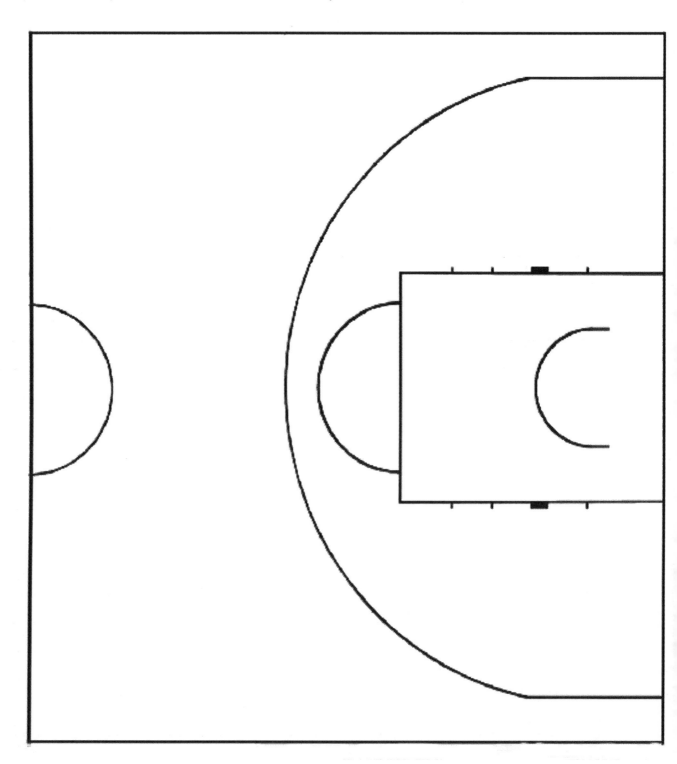

Date:		Team:												Home			Away	
Location:							Opponent:											

Team Fouls	1st Half	1	2	3	4	5	6	7	8	9	10	10+	Time Outs	Half	20s		60s	
	2nd Half	1	2	3	4	5	6	7	8	9	10	10+		Full	20s		60s	

No	Player	PF (1-6)	RB		BS	AS	ST	TO	FGM-A	3FM-A	FTM-A	PTS				Tot
			OR	DR								1st Q	2st Q	3st Q	4st Q	
									/	/	/					
									/	/	/					
									/	/	/					
									/	/	/					
									/	/	/					
									/	/	/					
									/	/	/					
									/	/	/					
									/	/	/					
									/	/	/					
									/	/	/					
									/	/	/					
									/	/	/					
									/	/	/					
									/	/	/					
									/	/	/					
	TOTALS								/	/	/					

Team Score

1	2	3	4	5	6	7	8	9	10	11	12	13	14	15	16	17	18	19	20	21	22	23	24	25
26	27	28	29	30	31	32	33	34	35	36	37	38	39	40	41	42	43	44	45	46	47	48	49	50
51	52	53	54	55	56	57	58	59	60	61	62	63	64	65	66	67	68	69	70	71	72	73	74	75
76	77	78	79	80	81	82	83	84	85	86	87	88	89	90	91	92	93	94	95	96	97	98	99	100
101	102	103	104	105	106	107	108	109	110	111	112	113	114	115	116	117	118	119	120	121	122	123	124	125

Mark your top players shots

(For example, O for Done, X for Fail)

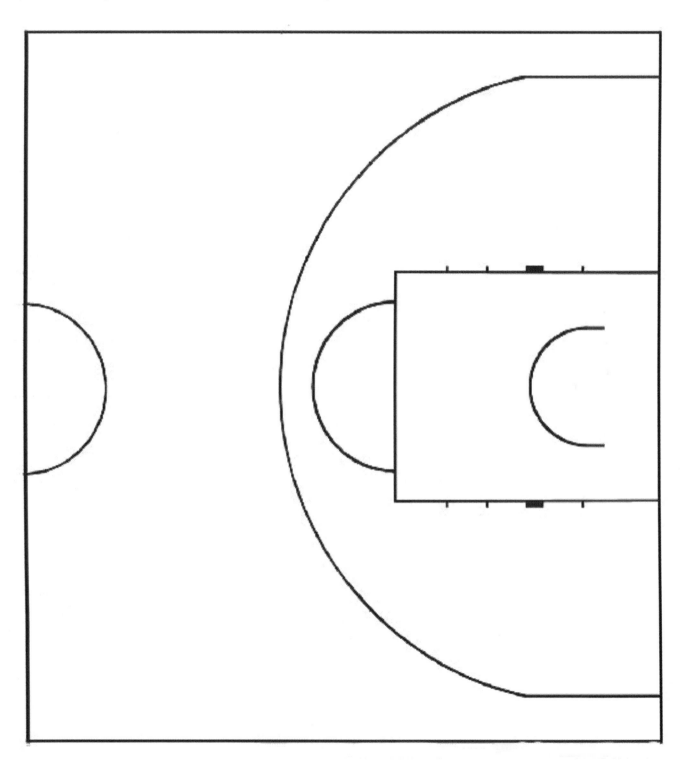

Date:		Team:											Home			Away	
Location:						Opponent:											

Team Fouls	1st Half	1	2	3	4	5	6	7	8	9	10	10+	Time Outs	Half	20s		60s	
	2nd Half	1	2	3	4	5	6	7	8	9	10	10+		Full	20s		60s	

No	Player	PF (1-6)	RB		BS	AS	ST	TO	FGM-A	3FM-A	FTM-A	PTS				Tot
			OR	DR								1st Q	2st Q	3st Q	4st Q	
									/	/	/					
									/	/	/					
									/	/	/					
									/	/	/					
									/	/	/					
									/	/	/					
									/	/	/					
									/	/	/					
									/	/	/					
									/	/	/					
									/	/	/					
									/	/	/					
									/	/	/					
									/	/	/					
									/	/	/					
	TOTALS								/	/	/					

Team Score

1	2	3	4	5	6	7	8	9	10	11	12	13	14	15	16	17	18	19	20	21	22	23	24	25
26	27	28	29	30	31	32	33	34	35	36	37	38	39	40	41	42	43	44	45	46	47	48	49	50
51	52	53	54	55	56	57	58	59	60	61	62	63	64	65	66	67	68	69	70	71	72	73	74	75
76	77	78	79	80	81	82	83	84	85	86	87	88	89	90	91	92	93	94	95	96	97	98	99	100
101	102	103	104	105	106	107	108	109	110	111	112	113	114	115	116	117	118	119	120	121	122	123	124	125

Mark your top players shots

(For example, O for Done, X for Fail)

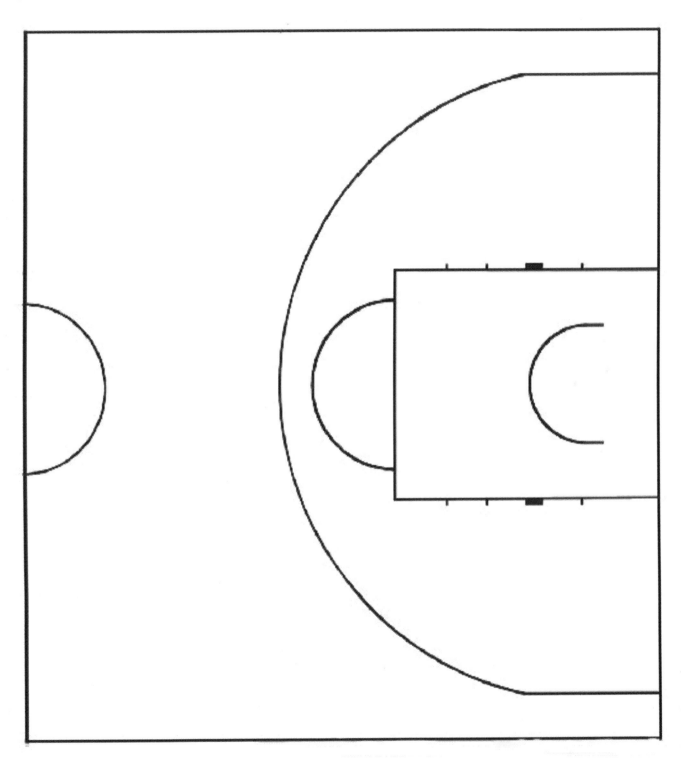

Date:		Team:												Home			Away	
Location:						Opponent:												

Team Fouls	1st Half	1	2	3	4	5	6	7	8	9	10	10+	Time Outs	Half	20s		60s	
	2nd Half	1	2	3	4	5	6	7	8	9	10	10+		Full	20s		60s	

No	Player	PF (1-6)	RB		BS	AS	ST	TO	FGM-A	3FM-A	FTM-A	PTS				Tot
			OR	DR								1st Q	2st Q	3st Q	4st Q	
									/	/	/					
									/	/	/					
									/	/	/					
									/	/	/					
									/	/	/					
									/	/	/					
									/	/	/					
									/	/	/					
									/	/	/					
									/	/	/					
									/	/	/					
									/	/	/					
									/	/	/					
									/	/	/					
									/	/	/					
	TOTALS								/	/	/					

Team Score

1	2	3	4	5	6	7	8	9	10	11	12	13	14	15	16	17	18	19	20	21	22	23	24	25
26	27	28	29	30	31	32	33	34	35	36	37	38	39	40	41	42	43	44	45	46	47	48	49	50
51	52	53	54	55	56	57	58	59	60	61	62	63	64	65	66	67	68	69	70	71	72	73	74	75
76	77	78	79	80	81	82	83	84	85	86	87	88	89	90	91	92	93	94	95	96	97	98	99	100
101	102	103	104	105	106	107	108	109	110	111	112	113	114	115	116	117	118	119	120	121	122	123	124	125

Mark your top players shots

(For example, O for Done, X for Fail)

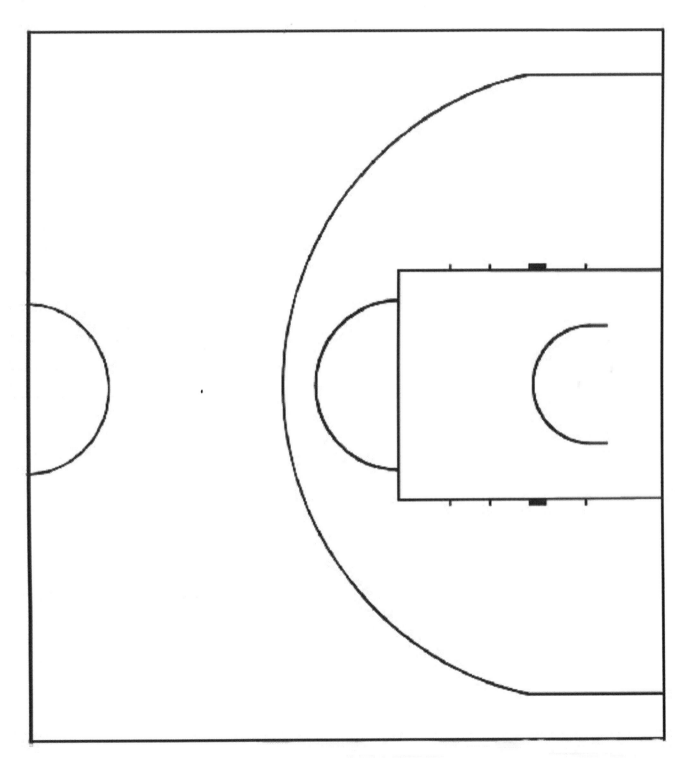

Date:		Team:												Home			Away	
Location:							Opponent:											

Team Fouls	1st Half	1	2	3	4	5	6	7	8	9	10	10+	Time Outs	Half	20s		60s	
	2nd Half	1	2	3	4	5	6	7	8	9	10	10+		Full	20s		60s	

No	Player	PF (1-6)	RB		BS	AS	ST	TO	FGM-A	3FM-A	FTM-A	PTS				Tot
			OR	DR								1st Q	2st Q	3st Q	4st Q	
									/	/	/					
									/	/	/					
									/	/	/					
									/	/	/					
									/	/	/					
									/	/	/					
									/	/	/					
									/	/	/					
									/	/	/					
									/	/	/					
									/	/	/					
									/	/	/					
									/	/	/					
									/	/	/					
									/	/	/					
									/	/	/					
	TOTALS								/	/	/					

Team Score

1	2	3	4	5	6	7	8	9	10	11	12	13	14	15	16	17	18	19	20	21	22	23	24	25
26	27	28	29	30	31	32	33	34	35	36	37	38	39	40	41	42	43	44	45	46	47	48	49	50
51	52	53	54	55	56	57	58	59	60	61	62	63	64	65	66	67	68	69	70	71	72	73	74	75
76	77	78	79	80	81	82	83	84	85	86	87	88	89	90	91	92	93	94	95	96	97	98	99	100
101	102	103	104	105	106	107	108	109	110	111	112	113	114	115	116	117	118	119	120	121	122	123	124	125

Mark your top players shots

(For example, O for Done, X for Fail)

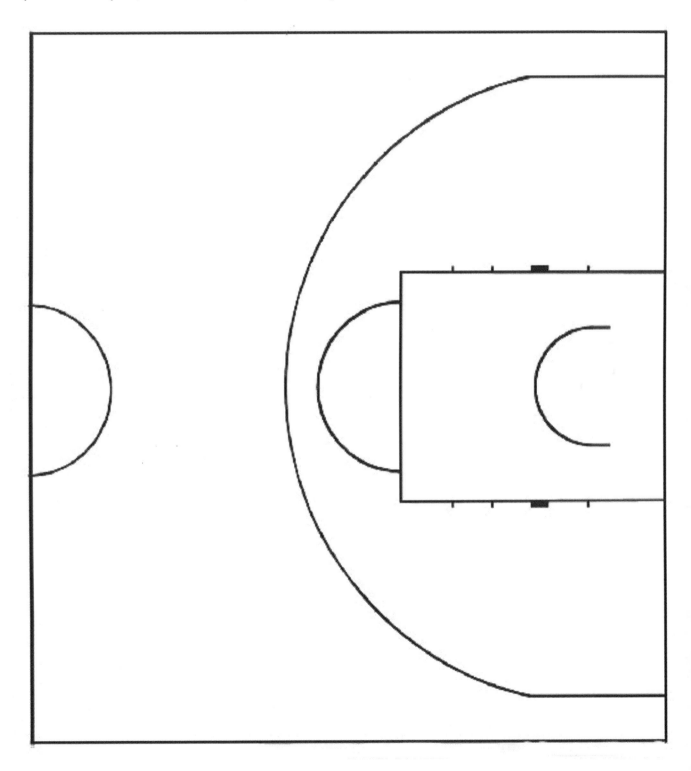

Date:		Team:												Home		Away	
Location:						Opponent:											

Team Fouls	1st Half	1	2	3	4	5	6	7	8	9	10	10+	Time Outs	Half	20s		60s	
	2nd Half	1	2	3	4	5	6	7	8	9	10	10+		Full	20s		60s	

No	Player	PF (1-6)	RB		BS	AS	ST	TO	FGM-A	3FM-A	FTM-A	PTS				Tot
			OR	DR								1st Q	2st Q	3st Q	4st Q	
									/	/	/					
									/	/	/					
									/	/	/					
									/	/	/					
									/	/	/					
									/	/	/					
									/	/	/					
									/	/	/					
									/	/	/					
									/	/	/					
									/	/	/					
									/	/	/					
									/	/	/					
									/	/	/					
									/	/	/					
	TOTALS								/	/	/					

Team Score

1	2	3	4	5	6	7	8	9	10	11	12	13	14	15	16	17	18	19	20	21	22	23	24	25
26	27	28	29	30	31	32	33	34	35	36	37	38	39	40	41	42	43	44	45	46	47	48	49	50
51	52	53	54	55	56	57	58	59	60	61	62	63	64	65	66	67	68	69	70	71	72	73	74	75
76	77	78	79	80	81	82	83	84	85	86	87	88	89	90	91	92	93	94	95	96	97	98	99	100
101	102	103	104	105	106	107	108	109	110	111	112	113	114	115	116	117	118	119	120	121	122	123	124	125

Mark your top players shots

(For example, O for Done, X for Fail)

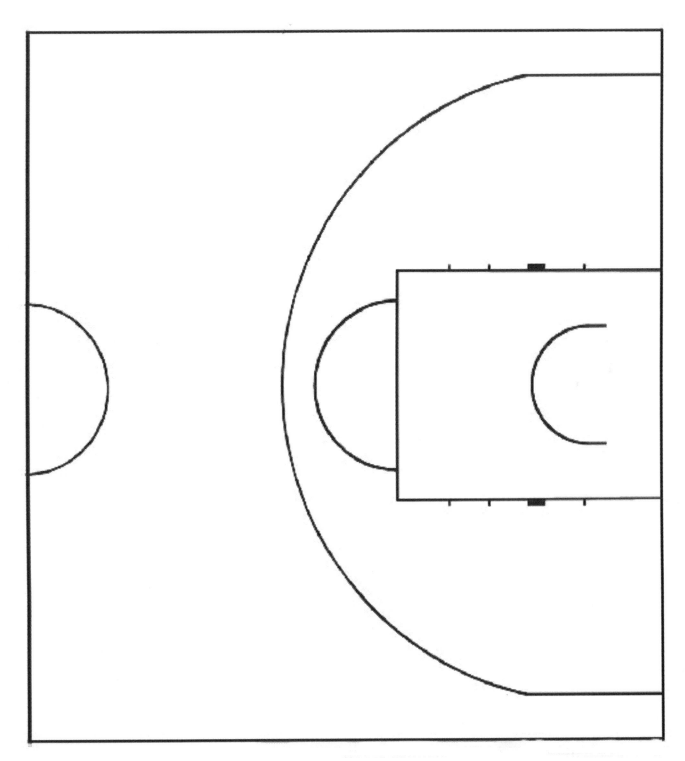

Date:		Team:											Home			Away	
Location:						Opponent:											

Team Fouls	1st Half	1	2	3	4	5	6	7	8	9	10	10+	Time Outs	Half	20s		60s	
	2nd Half	1	2	3	4	5	6	7	8	9	10	10+		Full	20s		60s	

No	Player	PF (1-6)	RB		BS	AS	ST	TO	FGM-A	3FM-A	FTM-A	PTS				Tot
			OR	DR								1st Q	2st Q	3st Q	4st Q	
									/	/	/					
									/	/	/					
									/	/	/					
									/	/	/					
									/	/	/					
									/	/	/					
									/	/	/					
									/	/	/					
									/	/	/					
									/	/	/					
									/	/	/					
									/	/	/					
									/	/	/					
									/	/	/					
									/	/	/					
	TOTALS								/	/	/					

Team Score

1	2	3	4	5	6	7	8	9	10	11	12	13	14	15	16	17	18	19	20	21	22	23	24	25
26	27	28	29	30	31	32	33	34	35	36	37	38	39	40	41	42	43	44	45	46	47	48	49	50
51	52	53	54	55	56	57	58	59	60	61	62	63	64	65	66	67	68	69	70	71	72	73	74	75
76	77	78	79	80	81	82	83	84	85	86	87	88	89	90	91	92	93	94	95	96	97	98	99	100
101	102	103	104	105	106	107	108	109	110	111	112	113	114	115	116	117	118	119	120	121	122	123	124	125

Mark your top players shots

(For example, O for Done, X for Fail)

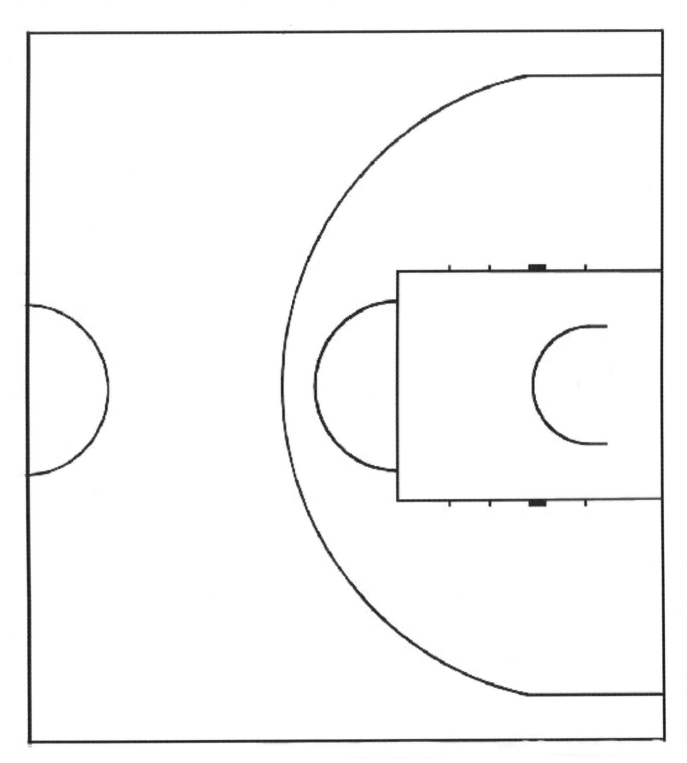

Date:		Team:												Home			Away	
Location:							Opponent:											

Team Fouls	1st Half	1	2	3	4	5	6	7	8	9	10	10+	Time Outs	Half	20s		60s	
	2nd Half	1	2	3	4	5	6	7	8	9	10	10+		Full	20s		60s	

No	Player	PF (1-6)	RB		BS	AS	ST	TO	FGM-A	3FM-A	FTM-A	PTS				Tot
			OR	DR								1st Q	2st Q	3st Q	4st Q	
									/	/	/					
									/	/	/					
									/	/	/					
									/	/	/					
									/	/	/					
									/	/	/					
									/	/	/					
									/	/	/					
									/	/	/					
									/	/	/					
									/	/	/					
									/	/	/					
									/	/	/					
									/	/	/					
									/	/	/					
	TOTALS								/	/	/					

Team Score

1	2	3	4	5	6	7	8	9	10	11	12	13	14	15	16	17	18	19	20	21	22	23	24	25
26	27	28	29	30	31	32	33	34	35	36	37	38	39	40	41	42	43	44	45	46	47	48	49	50
51	52	53	54	55	56	57	58	59	60	61	62	63	64	65	66	67	68	69	70	71	72	73	74	75
76	77	78	79	80	81	82	83	84	85	86	87	88	89	90	91	92	93	94	95	96	97	98	99	100
101	102	103	104	105	106	107	108	109	110	111	112	113	114	115	116	117	118	119	120	121	122	123	124	125

Mark your top players shots

(For example, O for Done, X for Fail)

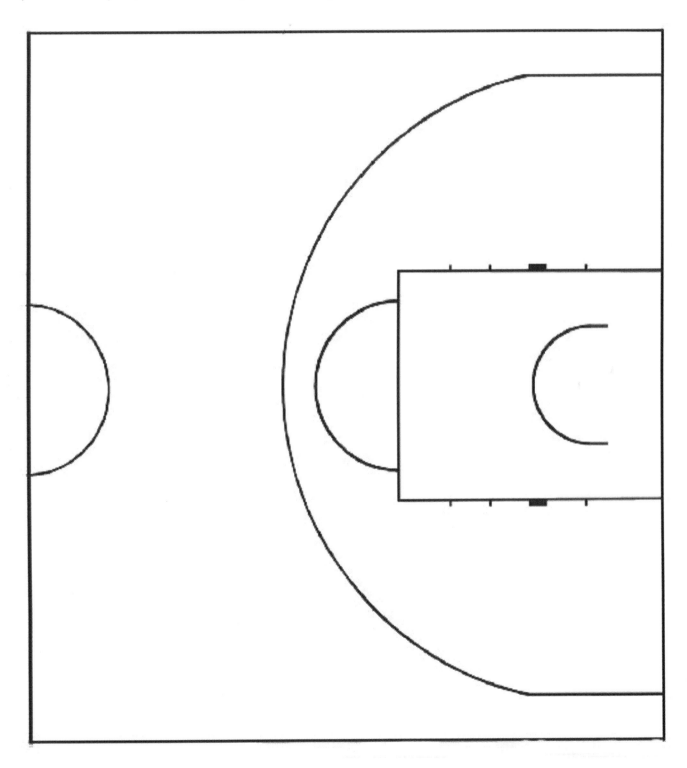

Date:						Team:										Home			Away	
Location:								Opponent:												

Team Fouls	1st Half	1	2	3	4	5	6	7	8	9	10	10+	Time Outs	Half	20s		60s	
	2nd Half	1	2	3	4	5	6	7	8	9	10	10+		Full	20s		60s	

No	Player	PF (1-6)	RB		BS	AS	ST	TO	FGM-A	3FM-A	FTM-A	PTS				Tot
			OR	DR								1st Q	2st Q	3st Q	4st Q	
									/	/	/					
									/	/	/					
									/	/	/					
									/	/	/					
									/	/	/					
									/	/	/					
									/	/	/					
									/	/	/					
									/	/	/					
									/	/	/					
									/	/	/					
									/	/	/					
									/	/	/					
									/	/	/					
									/	/	/					
									/	/	/					
	TOTALS								/	/	/					

Team Score

1	2	3	4	5	6	7	8	9	10	11	12	13	14	15	16	17	18	19	20	21	22	23	24	25
26	27	28	29	30	31	32	33	34	35	36	37	38	39	40	41	42	43	44	45	46	47	48	49	50
51	52	53	54	55	56	57	58	59	60	61	62	63	64	65	66	67	68	69	70	71	72	73	74	75
76	77	78	79	80	81	82	83	84	85	86	87	88	89	90	91	92	93	94	95	96	97	98	99	100
101	102	103	104	105	106	107	108	109	110	111	112	113	114	115	116	117	118	119	120	121	122	123	124	125

Mark your top players shots

(For example, O for Done, X for Fail)

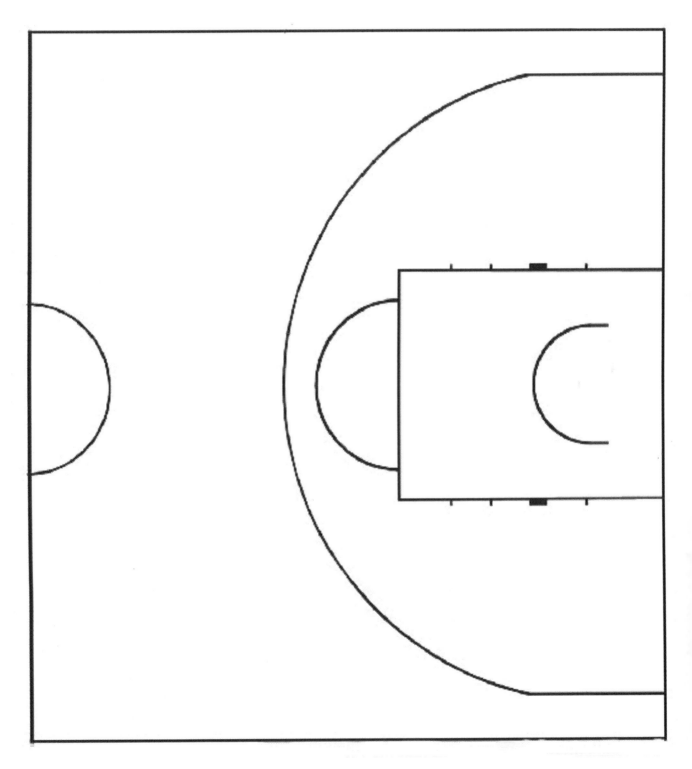

Date:		Team:												Home			Away	
Location:							Opponent:											

Team Fouls	1st Half	1	2	3	4	5	6	7	8	9	10	10+	Time Outs	Half	20s		60s	
	2nd Half	1	2	3	4	5	6	7	8	9	10	10+		Full	20s		60s	

No	Player	PF (1-6)	RB		BS	AS	ST	TO	FGM-A	3FM-A	FTM-A	PTS				Tot
			OR	DR								1st Q	2st Q	3st Q	4st Q	
									/	/	/					
									/	/	/					
									/	/	/					
									/	/	/					
									/	/	/					
									/	/	/					
									/	/	/					
									/	/	/					
									/	/	/					
									/	/	/					
									/	/	/					
									/	/	/					
									/	/	/					
									/	/	/					
									/	/	/					
	TOTALS								/	/	/					

Team Score

1	2	3	4	5	6	7	8	9	10	11	12	13	14	15	16	17	18	19	20	21	22	23	24	25
26	27	28	29	30	31	32	33	34	35	36	37	38	39	40	41	42	43	44	45	46	47	48	49	50
51	52	53	54	55	56	57	58	59	60	61	62	63	64	65	66	67	68	69	70	71	72	73	74	75
76	77	78	79	80	81	82	83	84	85	86	87	88	89	90	91	92	93	94	95	96	97	98	99	100
101	102	103	104	105	106	107	108	109	110	111	112	113	114	115	116	117	118	119	120	121	122	123	124	125

Mark your top players shots

(For example, O for Done, X for Fail)

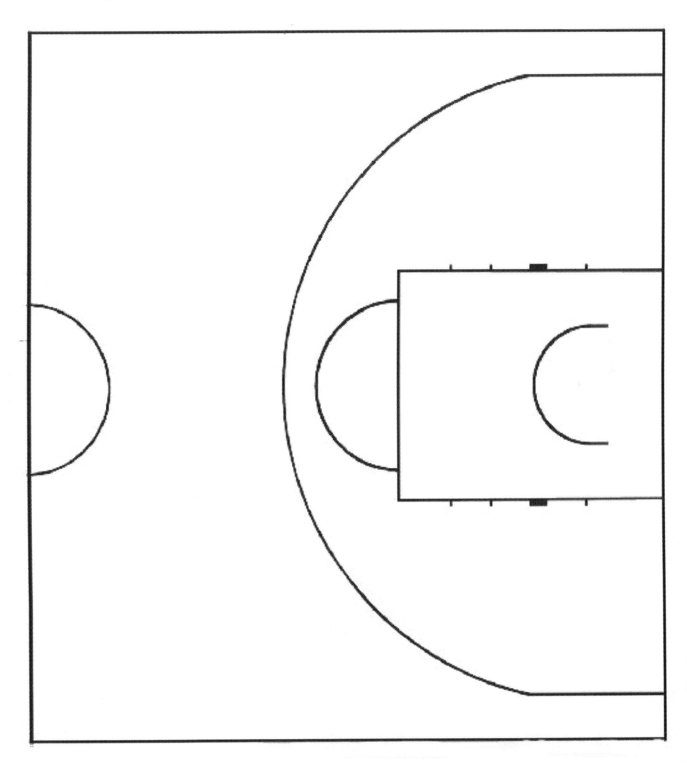

Date:		Team:											Home			Away	
Location:							Opponent:										

Team Fouls	1st Half	1	2	3	4	5	6	7	8	9	10	10+	Time Outs	Half	20s		60s	
	2nd Half	1	2	3	4	5	6	7	8	9	10	10+		Full	20s		60s	

No	Player	PF (1-6)	RB		BS	AS	ST	TO	FGM-A	3FM-A	FTM-A	PTS				Tot
			OR	DR								1st Q	2st Q	3st Q	4st Q	
									/	/	/					
									/	/	/					
									/	/	/					
									/	/	/					
									/	/	/					
									/	/	/					
									/	/	/					
									/	/	/					
									/	/	/					
									/	/	/					
									/	/	/					
									/	/	/					
									/	/	/					
									/	/	/					
									/	/	/					
									/	/	/					
	TOTALS								/	/	/					

Team Score

1	2	3	4	5	6	7	8	9	10	11	12	13	14	15	16	17	18	19	20	21	22	23	24	25
26	27	28	29	30	31	32	33	34	35	36	37	38	39	40	41	42	43	44	45	46	47	48	49	50
51	52	53	54	55	56	57	58	59	60	61	62	63	64	65	66	67	68	69	70	71	72	73	74	75
76	77	78	79	80	81	82	83	84	85	86	87	88	89	90	91	92	93	94	95	96	97	98	99	100
101	102	103	104	105	106	107	108	109	110	111	112	113	114	115	116	117	118	119	120	121	122	123	124	125

Mark your top players shots

(For example, O for Done, X for Fail)

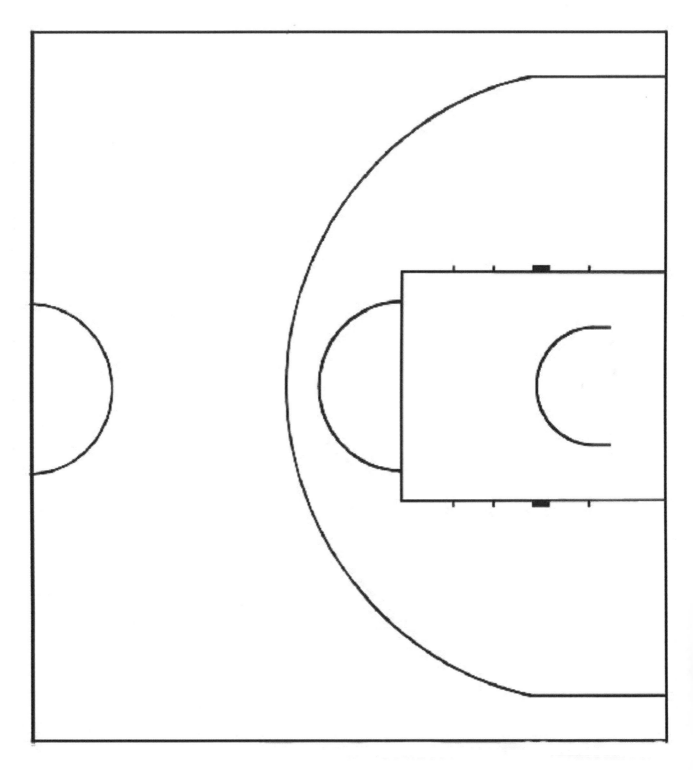

Date:						Team:									Home			Away	
Location:							Opponent:												

Team Fouls	1st Half	1	2	3	4	5	6	7	8	9	10	10+	Time Outs	Half	20s		60s	
	2nd Half	1	2	3	4	5	6	7	8	9	10	10+		Full	20s		60s	

No	Player	PF (1-6)	RB		BS	AS	ST	TO	FGM-A	3FM-A	FTM-A	PTS				Tot
			OR	DR								1st Q	2st Q	3st Q	4st Q	
									/	/	/					
									/	/	/					
									/	/	/					
									/	/	/					
									/	/	/					
									/	/	/					
									/	/	/					
									/	/	/					
									/	/	/					
									/	/	/					
									/	/	/					
									/	/	/					
									/	/	/					
									/	/	/					
									/	/	/					
									/	/	/					
	TOTALS								/	/	/					

Team Score

1	2	3	4	5	6	7	8	9	10	11	12	13	14	15	16	17	18	19	20	21	22	23	24	25
26	27	28	29	30	31	32	33	34	35	36	37	38	39	40	41	42	43	44	45	46	47	48	49	50
51	52	53	54	55	56	57	58	59	60	61	62	63	64	65	66	67	68	69	70	71	72	73	74	75
76	77	78	79	80	81	82	83	84	85	86	87	88	89	90	91	92	93	94	95	96	97	98	99	100
101	102	103	104	105	106	107	108	109	110	111	112	113	114	115	116	117	118	119	120	121	122	123	124	125

Mark your top players shots

(For example, O for Done, X for Fail)

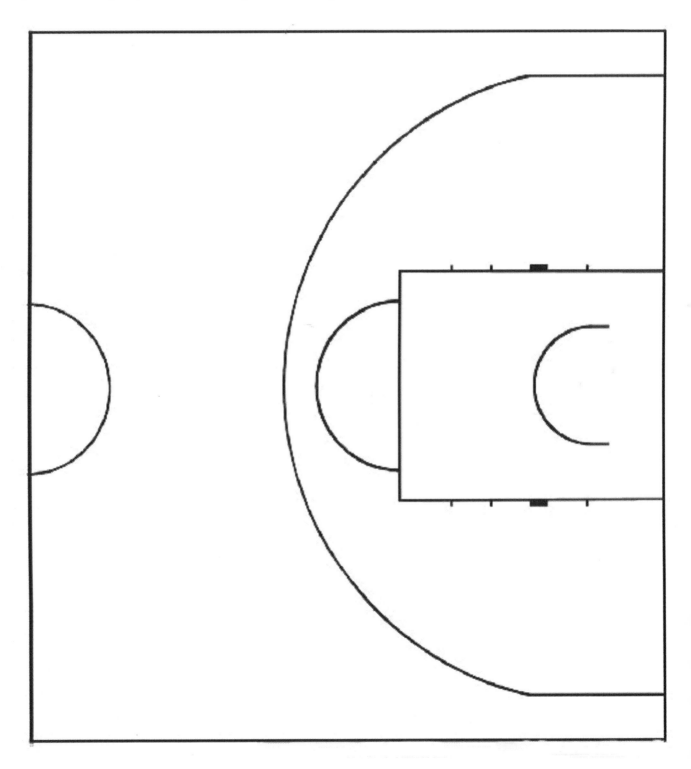

Date:		Team:												Home			Away	
Location:							Opponent:											

Team Fouls	1st Half	1	2	3	4	5	6	7	8	9	10	10+	Time Outs	Half	20s		60s	
	2nd Half	1	2	3	4	5	6	7	8	9	10	10+		Full	20s		60s	

No	Player	PF (1-6)	RB		BS	AS	ST	TO	FGM-A	3FM-A	FTM-A	PTS				
			OR	DR								1st Q	2st Q	3st Q	4st Q	Tot
									/	/	/					
									/	/	/					
									/	/	/					
									/	/	/					
									/	/	/					
									/	/	/					
									/	/	/					
									/	/	/					
									/	/	/					
									/	/	/					
									/	/	/					
									/	/	/					
									/	/	/					
									/	/	/					
									/	/	/					
		TOTALS							/	/	/					

Team Score

1	2	3	4	5	6	7	8	9	10	11	12	13	14	15	16	17	18	19	20	21	22	23	24	25
26	27	28	29	30	31	32	33	34	35	36	37	38	39	40	41	42	43	44	45	46	47	48	49	50
51	52	53	54	55	56	57	58	59	60	61	62	63	64	65	66	67	68	69	70	71	72	73	74	75
76	77	78	79	80	81	82	83	84	85	86	87	88	89	90	91	92	93	94	95	96	97	98	99	100
101	102	103	104	105	106	107	108	109	110	111	112	113	114	115	116	117	118	119	120	121	122	123	124	125

Mark your top players shots

(For example, O for Done, X for Fail)

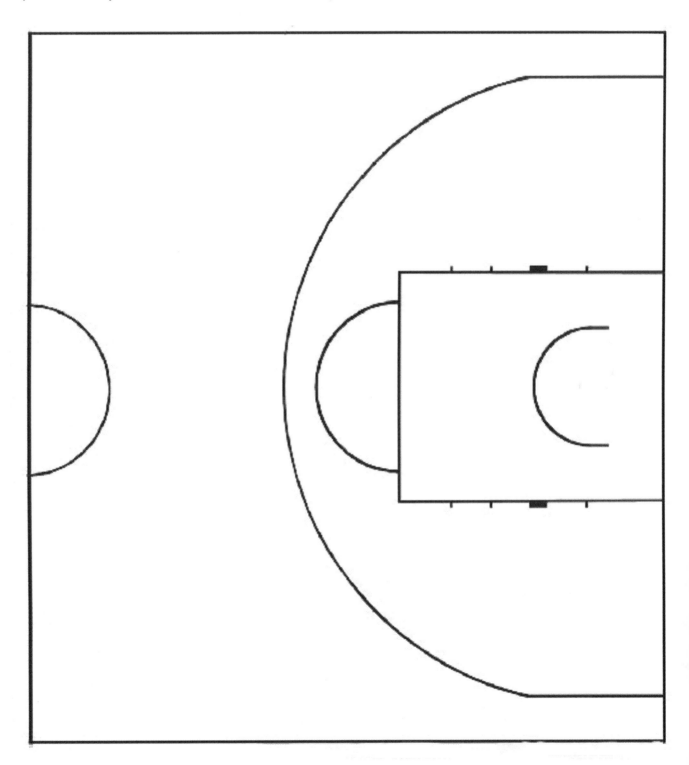

Date:		Team:												Home			Away	
Location:							Opponent:											

Team Fouls	1st Half	1	2	3	4	5	6	7	8	9	10	10+	Time Outs	Half	20s		60s	
	2nd Half	1	2	3	4	5	6	7	8	9	10	10+		Full	20s		60s	

No	Player	PF (1-6)	RB		BS	AS	ST	TO	FGM-A	3FM-A	FTM-A	PTS				
			OR	DR								1st Q	2st Q	3st Q	4st Q	Tot
									/	/	/					
									/	/	/					
									/	/	/					
									/	/	/					
									/	/	/					
									/	/	/					
									/	/	/					
									/	/	/					
									/	/	/					
									/	/	/					
									/	/	/					
									/	/	/					
									/	/	/					
									/	/	/					
									/	/	/					
									/	/	/					
	TOTALS								/	/	/					

Team Score

1	2	3	4	5	6	7	8	9	10	11	12	13	14	15	16	17	18	19	20	21	22	23	24	25
26	27	28	29	30	31	32	33	34	35	36	37	38	39	40	41	42	43	44	45	46	47	48	49	50
51	52	53	54	55	56	57	58	59	60	61	62	63	64	65	66	67	68	69	70	71	72	73	74	75
76	77	78	79	80	81	82	83	84	85	86	87	88	89	90	91	92	93	94	95	96	97	98	99	100
101	102	103	104	105	106	107	108	109	110	111	112	113	114	115	116	117	118	119	120	121	122	123	124	125

Mark your top players shots

(For example, O for Done, X for Fail)

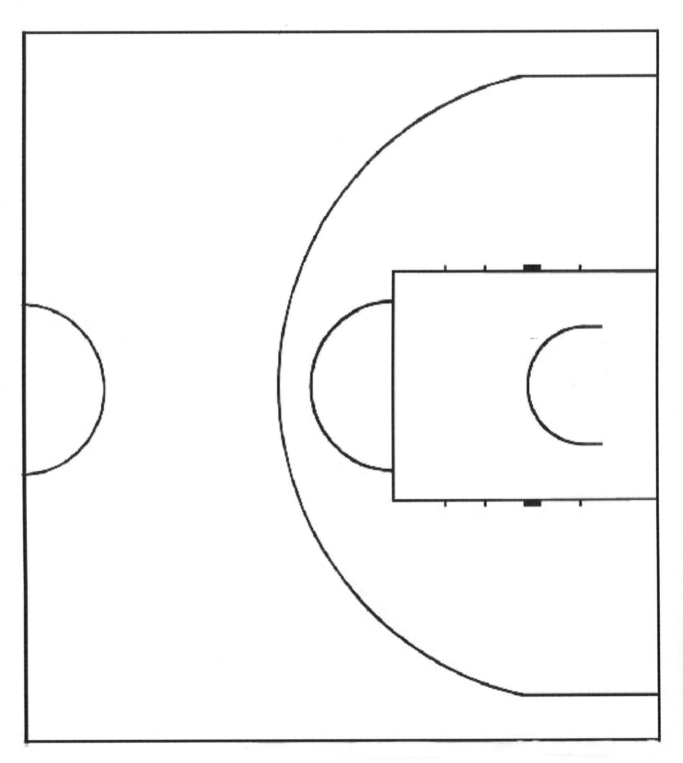

Date:		Team:												Home			Away	
Location:							Opponent:											

Team Fouls	1st Half	1	2	3	4	5	6	7	8	9	10	10+	Time Outs	Half	20s		60s	
	2nd Half	1	2	3	4	5	6	7	8	9	10	10+		Full	20s		60s	

No	Player	PF (1-6)	RB		BS	AS	ST	TO	FGM-A	3FM-A	FTM-A	PTS				Tot
			OR	DR								1st Q	2st Q	3st Q	4st Q	
									/	/	/					
									/	/	/					
									/	/	/					
									/	/	/					
									/	/	/					
									/	/	/					
									/	/	/					
									/	/	/					
									/	/	/					
									/	/	/					
									/	/	/					
									/	/	/					
									/	/	/					
									/	/	/					
									/	/	/					
	TOTALS								/	/	/					

Team Score

1	2	3	4	5	6	7	8	9	10	11	12	13	14	15	16	17	18	19	20	21	22	23	24	25
26	27	28	29	30	31	32	33	34	35	36	37	38	39	40	41	42	43	44	45	46	47	48	49	50
51	52	53	54	55	56	57	58	59	60	61	62	63	64	65	66	67	68	69	70	71	72	73	74	75
76	77	78	79	80	81	82	83	84	85	86	87	88	89	90	91	92	93	94	95	96	97	98	99	100
101	102	103	104	105	106	107	108	109	110	111	112	113	114	115	116	117	118	119	120	121	122	123	124	125

Mark your top players shots

(For example, O for Done, X for Fail)

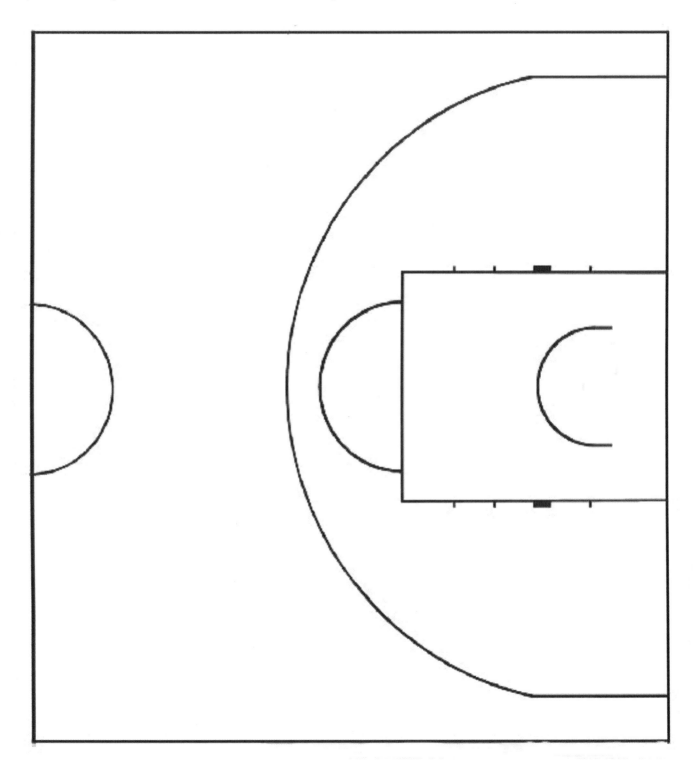

Date:		Team:												Home			Away	
Location:							Opponent:											

Team Fouls	1st Half	1	2	3	4	5	6	7	8	9	10	10+	Time Outs	Half	20s		60s	
	2nd Half	1	2	3	4	5	6	7	8	9	10	10+		Full	20s		60s	

No	Player	PF (1-6)	RB		BS	AS	ST	TO	FGM-A	3FM-A	FTM-A	PTS				Tot
			OR	DR								1st Q	2st Q	3st Q	4st Q	
									/	/	/					
									/	/	/					
									/	/	/					
									/	/	/					
									/	/	/					
									/	/	/					
									/	/	/					
									/	/	/					
									/	/	/					
									/	/	/					
									/	/	/					
									/	/	/					
									/	/	/					
									/	/	/					
									/	/	/					
									/	/	/					
	TOTALS								/	/	/					

Team Score

1	2	3	4	5	6	7	8	9	10	11	12	13	14	15	16	17	18	19	20	21	22	23	24	25
26	27	28	29	30	31	32	33	34	35	36	37	38	39	40	41	42	43	44	45	46	47	48	49	50
51	52	53	54	55	56	57	58	59	60	61	62	63	64	65	66	67	68	69	70	71	72	73	74	75
76	77	78	79	80	81	82	83	84	85	86	87	88	89	90	91	92	93	94	95	96	97	98	99	100
101	102	103	104	105	106	107	108	109	110	111	112	113	114	115	116	117	118	119	120	121	122	123	124	125

Mark your top players shots

(For example, O for Done, X for Fail)

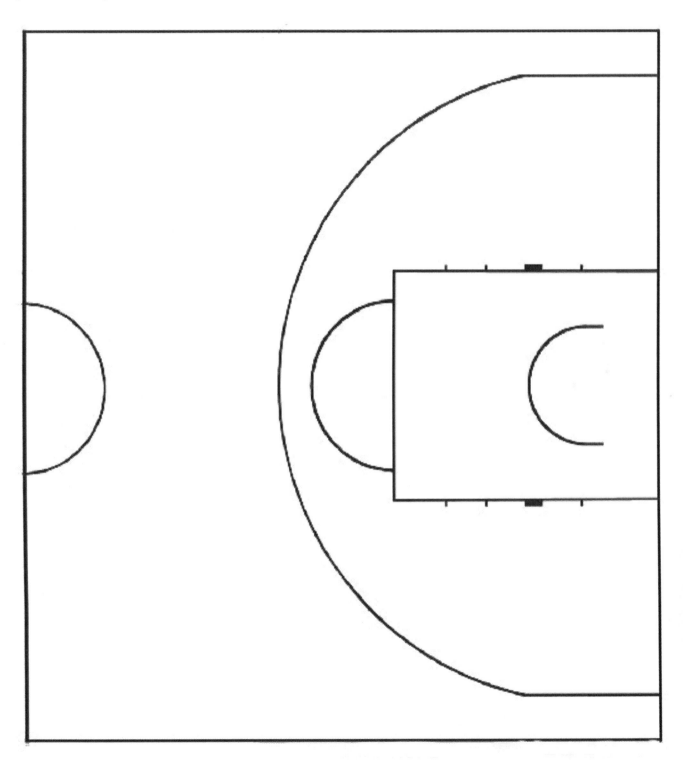

Date:		Team:												Home			Away	
Location:						Opponent:												

Team Fouls	1st Half	1	2	3	4	5	6	7	8	9	10	10+	Time Outs	Half	20s		60s	
	2nd Half	1	2	3	4	5	6	7	8	9	10	10+		Full	20s		60s	

No	Player	PF (1-6)	RB		BS	AS	ST	TO	FGM-A	3FM-A	FTM-A	PTS				
			OR	DR								1st Q	2st Q	3st Q	4st Q	Tot
									/	/	/					
									/	/	/					
									/	/	/					
									/	/	/					
									/	/	/					
									/	/	/					
									/	/	/					
									/	/	/					
									/	/	/					
									/	/	/					
									/	/	/					
									/	/	/					
									/	/	/					
									/	/	/					
									/	/	/					
	TOTALS								/	/	/					

Team Score

1	2	3	4	5	6	7	8	9	10	11	12	13	14	15	16	17	18	19	20	21	22	23	24	25
26	27	28	29	30	31	32	33	34	35	36	37	38	39	40	41	42	43	44	45	46	47	48	49	50
51	52	53	54	55	56	57	58	59	60	61	62	63	64	65	66	67	68	69	70	71	72	73	74	75
76	77	78	79	80	81	82	83	84	85	86	87	88	89	90	91	92	93	94	95	96	97	98	99	100
101	102	103	104	105	106	107	108	109	110	111	112	113	114	115	116	117	118	119	120	121	122	123	124	125

Mark your top players shots

(For example, O for Done, X for Fail)

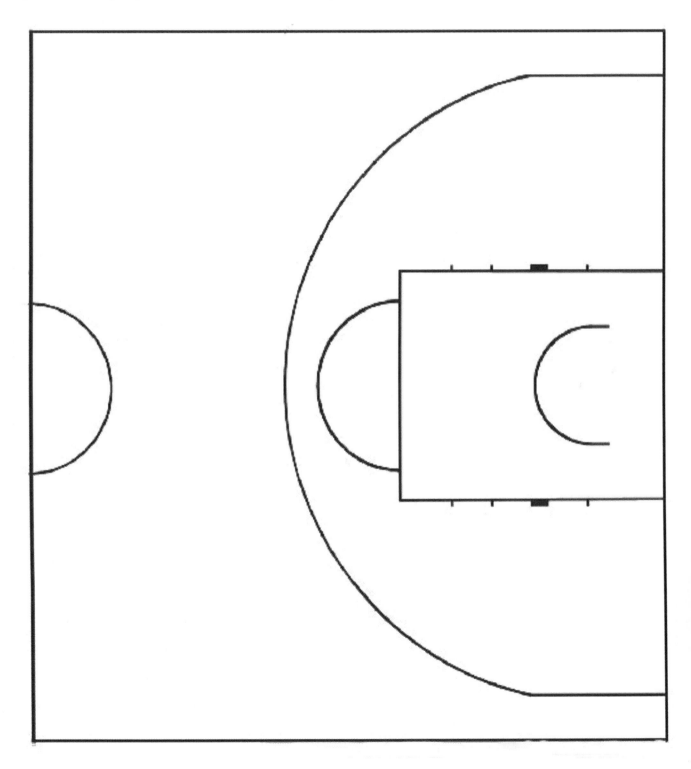

Date:		Team:												Home			Away	
Location:							Opponent:											

Team Fouls	1st Half	1	2	3	4	5	6	7	8	9	10	10+	Time Outs	Half	20s		60s	
	2nd Half	1	2	3	4	5	6	7	8	9	10	10+		Full	20s		60s	

No	Player	PF (1-6)	RB		BS	AS	ST	TO	FGM-A	3FM-A	FTM-A	PTS				
			OR	DR								1st Q	2st Q	3st Q	4st Q	Tot
									/	/	/					
									/	/	/					
									/	/	/					
									/	/	/					
									/	/	/					
									/	/	/					
									/	/	/					
									/	/	/					
									/	/	/					
									/	/	/					
									/	/	/					
									/	/	/					
									/	/	/					
									/	/	/					
									/	/	/					
	TOTALS								/	/	/					

Team Score

1	2	3	4	5	6	7	8	9	10	11	12	13	14	15	16	17	18	19	20	21	22	23	24	25
26	27	28	29	30	31	32	33	34	35	36	37	38	39	40	41	42	43	44	45	46	47	48	49	50
51	52	53	54	55	56	57	58	59	60	61	62	63	64	65	66	67	68	69	70	71	72	73	74	75
76	77	78	79	80	81	82	83	84	85	86	87	88	89	90	91	92	93	94	95	96	97	98	99	100
101	102	103	104	105	106	107	108	109	110	111	112	113	114	115	116	117	118	119	120	121	122	123	124	125

Mark your top players shots

(For example, O for Done, X for Fail)

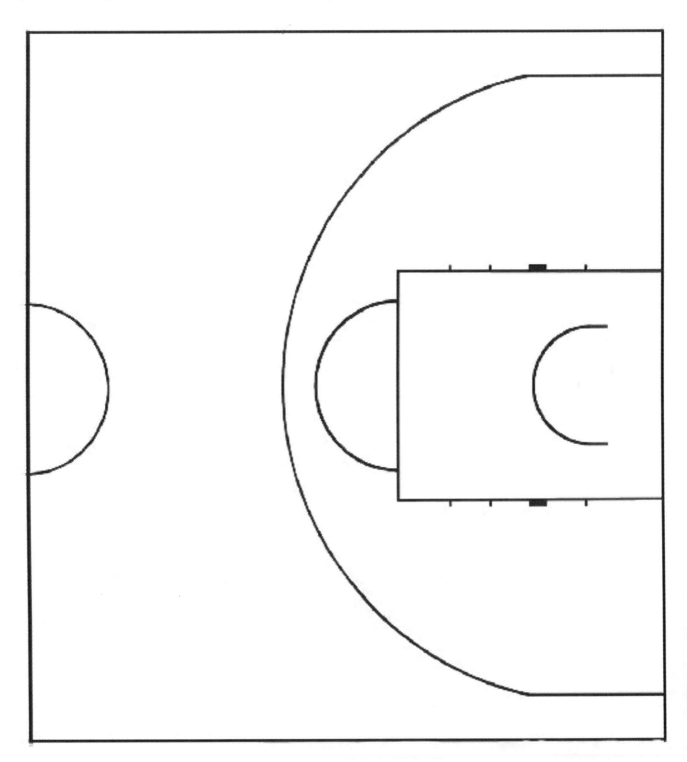

Date:		Team:												Home			Away	
Location:							Opponent:											

Team Fouls	1st Half	1	2	3	4	5	6	7	8	9	10	10+	Time Outs	Half	20s		60s	
	2nd Half	1	2	3	4	5	6	7	8	9	10	10+		Full	20s		60s	

No	Player	PF (1-6)	RB		BS	AS	ST	TO	FGM-A	3FM-A	FTM-A	PTS				Tot
			OR	DR								1st Q	2st Q	3st Q	4st Q	
									/	/	/					
									/	/	/					
									/	/	/					
									/	/	/					
									/	/	/					
									/	/	/					
									/	/	/					
									/	/	/					
									/	/	/					
									/	/	/					
									/	/	/					
									/	/	/					
									/	/	/					
									/	/	/					
									/	/	/					
									/	/	/					
	TOTALS								/	/	/					

Team Score

1	2	3	4	5	6	7	8	9	10	11	12	13	14	15	16	17	18	19	20	21	22	23	24	25
26	27	28	29	30	31	32	33	34	35	36	37	38	39	40	41	42	43	44	45	46	47	48	49	50
51	52	53	54	55	56	57	58	59	60	61	62	63	64	65	66	67	68	69	70	71	72	73	74	75
76	77	78	79	80	81	82	83	84	85	86	87	88	89	90	91	92	93	94	95	96	97	98	99	100
101	102	103	104	105	106	107	108	109	110	111	112	113	114	115	116	117	118	119	120	121	122	123	124	125

Mark your top players shots

(For example, O for Done, X for Fail)

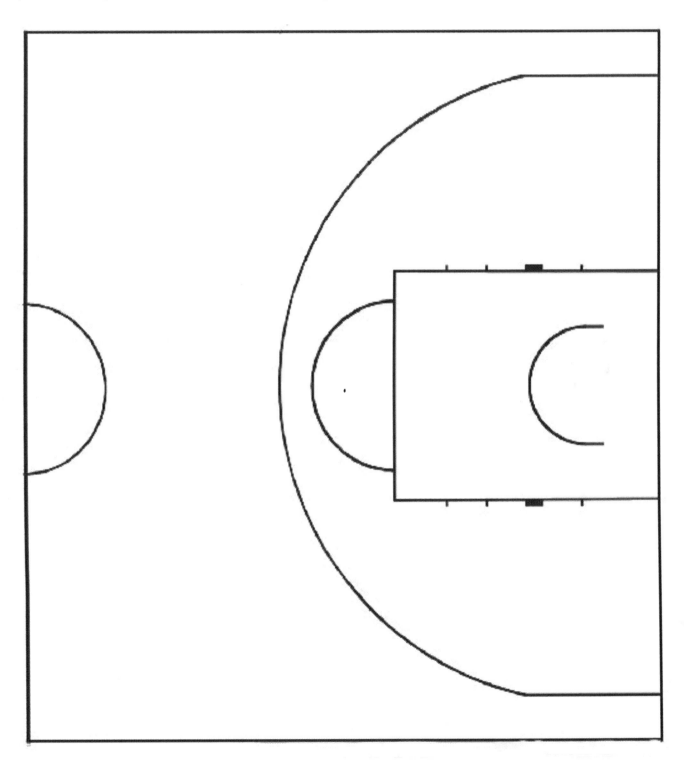

Date:		Team:											Home			Away	
Location:							Opponent:										

Team Fouls	1st Half	1	2	3	4	5	6	7	8	9	10	10+	Time Outs	Half	20s		60s	
	2nd Half	1	2	3	4	5	6	7	8	9	10	10+		Full	20s		60s	

No	Player	PF (1-6)	RB		BS	AS	ST	TO	FGM-A	3FM-A	FTM-A	PTS				Tot
			OR	DR								1st Q	2st Q	3st Q	4st Q	
									/	/	/					
									/	/	/					
									/	/	/					
									/	/	/					
									/	/	/					
									/	/	/					
									/	/	/					
									/	/	/					
									/	/	/					
									/	/	/					
									/	/	/					
									/	/	/					
									/	/	/					
									/	/	/					
									/	/	/					
	TOTALS								/	/	/					

Team Score

1	2	3	4	5	6	7	8	9	10	11	12	13	14	15	16	17	18	19	20	21	22	23	24	25
26	27	28	29	30	31	32	33	34	35	36	37	38	39	40	41	42	43	44	45	46	47	48	49	50
51	52	53	54	55	56	57	58	59	60	61	62	63	64	65	66	67	68	69	70	71	72	73	74	75
76	77	78	79	80	81	82	83	84	85	86	87	88	89	90	91	92	93	94	95	96	97	98	99	100
101	102	103	104	105	106	107	108	109	110	111	112	113	114	115	116	117	118	119	120	121	122	123	124	125

Mark your top players shots

(For example, O for Done, X for Fail)

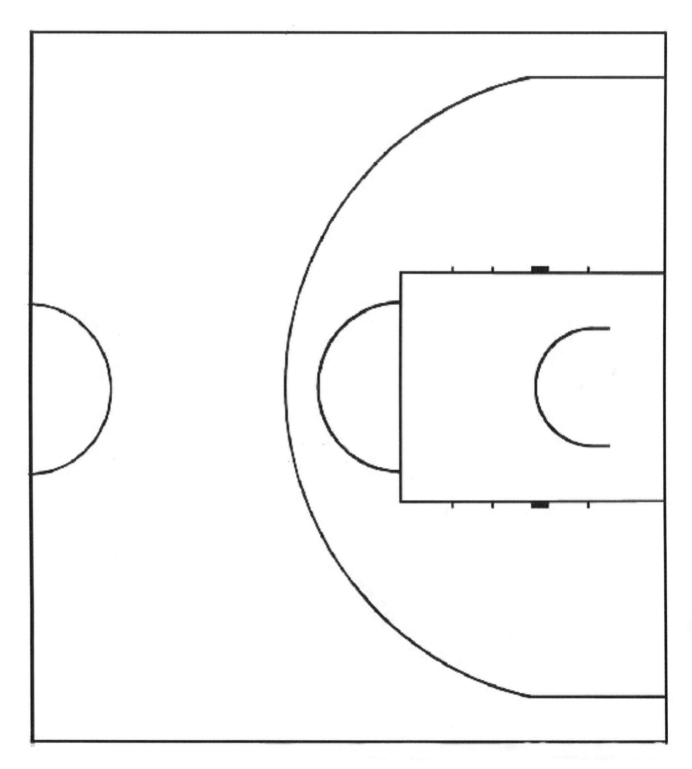

Date:		Team:												Home			Away	
Location:							Opponent:											
Team Fouls	1st Half	1	2	3	4	5	6	7	8	9	10	10+	Time Outs	Half	20s		60s	
	2nd Half	1	2	3	4	5	6	7	8	9	10	10+		Full	20s		60s	

No	Player	PF (1-6)	RB		BS	AS	ST	TO	FGM-A	3FM-A	FTM-A	PTS				Tot
			OR	DR								1st Q	2st Q	3st Q	4st Q	
									/	/	/					
									/	/	/					
									/	/	/					
									/	/	/					
									/	/	/					
									/	/	/					
									/	/	/					
									/	/	/					
									/	/	/					
									/	/	/					
									/	/	/					
									/	/	/					
									/	/	/					
									/	/	/					
									/	/	/					
		TOTALS							/	/	/					

Team Score

1	2	3	4	5	6	7	8	9	10	11	12	13	14	15	16	17	18	19	20	21	22	23	24	25
26	27	28	29	30	31	32	33	34	35	36	37	38	39	40	41	42	43	44	45	46	47	48	49	50
51	52	53	54	55	56	57	58	59	60	61	62	63	64	65	66	67	68	69	70	71	72	73	74	75
76	77	78	79	80	81	82	83	84	85	86	87	88	89	90	91	92	93	94	95	96	97	98	99	100
101	102	103	104	105	106	107	108	109	110	111	112	113	114	115	116	117	118	119	120	121	122	123	124	125

Mark your top players shots

(For example, O for Done, X for Fail)

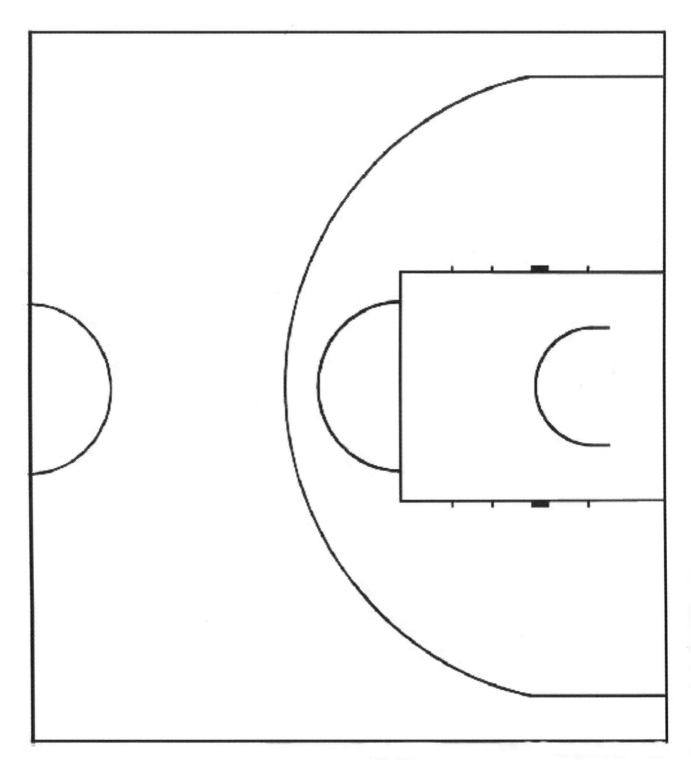

Date:		Team:											Home			Away	
Location:							Opponent:										

Team Fouls	1st Half	1	2	3	4	5	6	7	8	9	10	10+	Time Outs	Half	20s		60s	
	2nd Half	1	2	3	4	5	6	7	8	9	10	10+		Full	20s		60s	

No	Player	PF (1-6)	RB		BS	AS	ST	TO	FGM-A	3FM-A	FTM-A	PTS				Tot
			OR	DR								1st Q	2st Q	3st Q	4st Q	
									/	/	/					
									/	/	/					
									/	/	/					
									/	/	/					
									/	/	/					
									/	/	/					
									/	/	/					
									/	/	/					
									/	/	/					
									/	/	/					
									/	/	/					
									/	/	/					
									/	/	/					
									/	/	/					
									/	/	/					
	TOTALS								/	/	/					

Team Score

1	2	3	4	5	6	7	8	9	10	11	12	13	14	15	16	17	18	19	20	21	22	23	24	25
26	27	28	29	30	31	32	33	34	35	36	37	38	39	40	41	42	43	44	45	46	47	48	49	50
51	52	53	54	55	56	57	58	59	60	61	62	63	64	65	66	67	68	69	70	71	72	73	74	75
76	77	78	79	80	81	82	83	84	85	86	87	88	89	90	91	92	93	94	95	96	97	98	99	100
101	102	103	104	105	106	107	108	109	110	111	112	113	114	115	116	117	118	119	120	121	122	123	124	125

Mark your top players shots

(For example, O for Done, X for Fail)

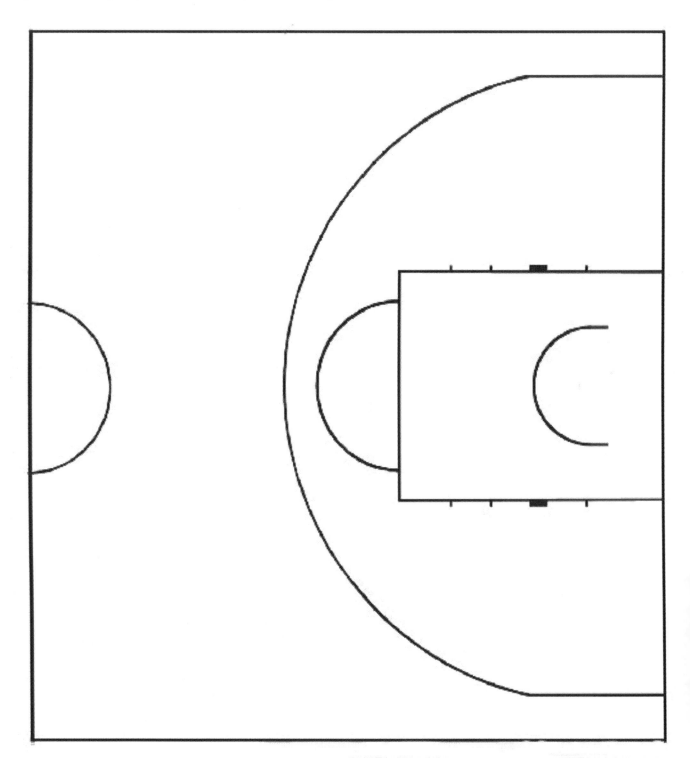

Date:		Team:												Home			Away	
Location:							Opponent:											

Team Fouls	1st Half	1	2	3	4	5	6	7	8	9	10	10+	Time Outs	Half	20s		60s	
	2nd Half	1	2	3	4	5	6	7	8	9	10	10+		Full	20s		60s	

No	Player	PF (1-6)	RB		BS	AS	ST	TO	FGM-A	3FM-A	FTM-A	PTS				Tot
			OR	DR								1st Q	2st Q	3st Q	4st Q	
									/	/	/					
									/	/	/					
									/	/	/					
									/	/	/					
									/	/	/					
									/	/	/					
									/	/	/					
									/	/	/					
									/	/	/					
									/	/	/					
									/	/	/					
									/	/	/					
									/	/	/					
									/	/	/					
									/	/	/					
									/	/	/					
	TOTALS								/	/	/					

Team Score

1	2	3	4	5	6	7	8	9	10	11	12	13	14	15	16	17	18	19	20	21	22	23	24	25
26	27	28	29	30	31	32	33	34	35	36	37	38	39	40	41	42	43	44	45	46	47	48	49	50
51	52	53	54	55	56	57	58	59	60	61	62	63	64	65	66	67	68	69	70	71	72	73	74	75
76	77	78	79	80	81	82	83	84	85	86	87	88	89	90	91	92	93	94	95	96	97	98	99	100
101	102	103	104	105	106	107	108	109	110	111	112	113	114	115	116	117	118	119	120	121	122	123	124	125

Mark your top players shots

(For example, O for Done, X for Fail)

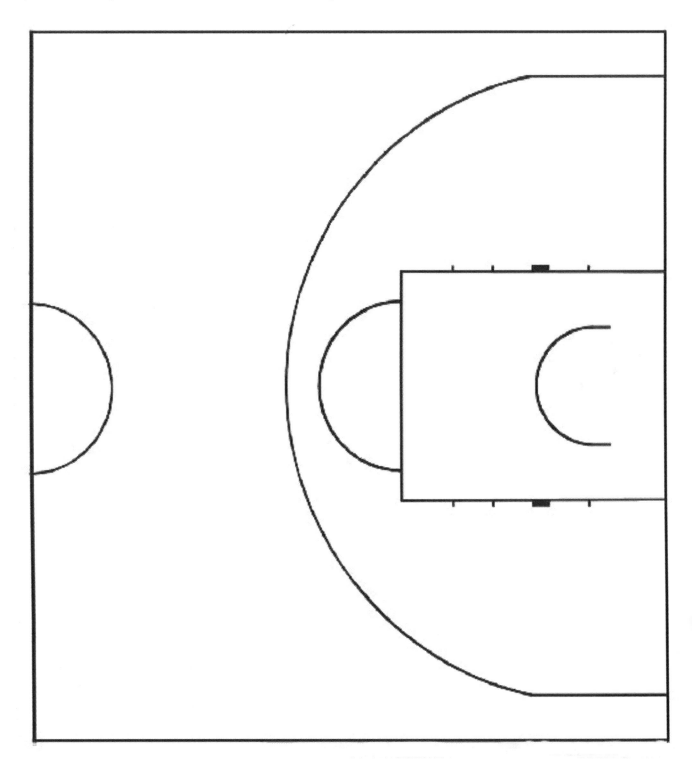

Date:		Team:											Home			Away	
Location:							Opponent:										

Team Fouls	1st Half	1	2	3	4	5	6	7	8	9	10	10+	Time Outs	Half	20s		60s	
	2nd Half	1	2	3	4	5	6	7	8	9	10	10+		Full	20s		60s	

No	Player	PF (1-6)	RB		BS	AS	ST	TO	FGM-A	3FM-A	FTM-A	PTS				Tot
			OR	DR								1st Q	2st Q	3st Q	4st Q	
									/	/	/					
									/	/	/					
									/	/	/					
									/	/	/					
									/	/	/					
									/	/	/					
									/	/	/					
									/	/	/					
									/	/	/					
									/	/	/					
									/	/	/					
									/	/	/					
									/	/	/					
									/	/	/					
									/	/	/					
	TOTALS								/	/	/					

Team Score

1	2	3	4	5	6	7	8	9	10	11	12	13	14	15	16	17	18	19	20	21	22	23	24	25
26	27	28	29	30	31	32	33	34	35	36	37	38	39	40	41	42	43	44	45	46	47	48	49	50
51	52	53	54	55	56	57	58	59	60	61	62	63	64	65	66	67	68	69	70	71	72	73	74	75
76	77	78	79	80	81	82	83	84	85	86	87	88	89	90	91	92	93	94	95	96	97	98	99	100
101	102	103	104	105	106	107	108	109	110	111	112	113	114	115	116	117	118	119	120	121	122	123	124	125

Mark your top players shots

(For example, O for Done, X for Fail)

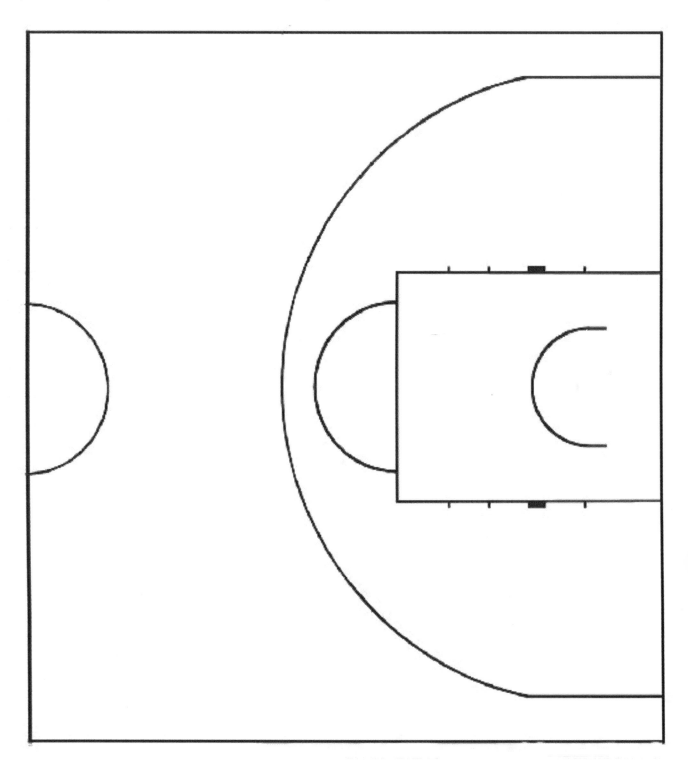

Date:						Team:										Home		Away	
Location:								Opponent:											
Team Fouls	1st Half	1	2	3	4	5	6	7	8	9	10	10+	Time Outs		Half		20s		60s
	2nd Half	1	2	3	4	5	6	7	8	9	10	10+			Full		20s		60s

No	Player	PF (1-6)	RB		BS	AS	ST	TO	FGM-A	3FM-A	FTM-A	PTS				Tot
			OR	DR								1st Q	2st Q	3st Q	4st Q	
									/	/	/					
									/	/	/					
									/	/	/					
									/	/	/					
									/	/	/					
									/	/	/					
									/	/	/					
									/	/	/					
									/	/	/					
									/	/	/					
									/	/	/					
									/	/	/					
									/	/	/					
									/	/	/					
									/	/	/					
	TOTALS								/	/	/					

Team Score

1	2	3	4	5	6	7	8	9	10	11	12	13	14	15	16	17	18	19	20	21	22	23	24	25
26	27	28	29	30	31	32	33	34	35	36	37	38	39	40	41	42	43	44	45	46	47	48	49	50
51	52	53	54	55	56	57	58	59	60	61	62	63	64	65	66	67	68	69	70	71	72	73	74	75
76	77	78	79	80	81	82	83	84	85	86	87	88	89	90	91	92	93	94	95	96	97	98	99	100
101	102	103	104	105	106	107	108	109	110	111	112	113	114	115	116	117	118	119	120	121	122	123	124	125

Mark your top players shots

(For example, O for Done, X for Fail)

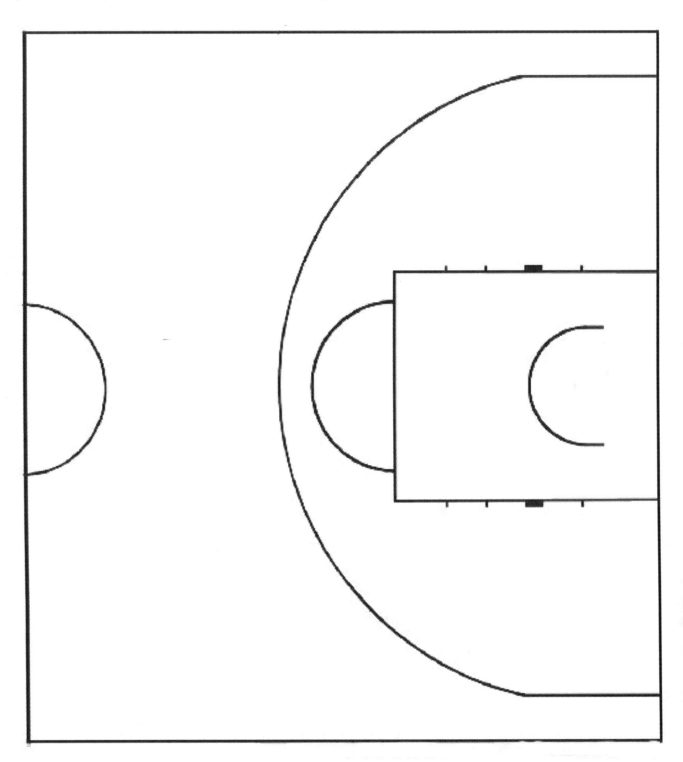

Date:		Team:												Home			Away	
Location:							Opponent:											

Team Fouls	1st Half	1	2	3	4	5	6	7	8	9	10	10+	Time Outs	Half	20s		60s	
	2nd Half	1	2	3	4	5	6	7	8	9	10	10+		Full	20s		60s	

No	Player	PF (1-6)	RB		BS	AS	ST	TO	FGM-A	3FM-A	FTM-A	PTS				Tot
			OR	DR								1st Q	2st Q	3st Q	4st Q	
									/	/	/					
									/	/	/					
									/	/	/					
									/	/	/					
									/	/	/					
									/	/	/					
									/	/	/					
									/	/	/					
									/	/	/					
									/	/	/					
									/	/	/					
									/	/	/					
									/	/	/					
									/	/	/					
									/	/	/					
	TOTALS								/	/	/					

Team Score

1	2	3	4	5	6	7	8	9	10	11	12	13	14	15	16	17	18	19	20	21	22	23	24	25
26	27	28	29	30	31	32	33	34	35	36	37	38	39	40	41	42	43	44	45	46	47	48	49	50
51	52	53	54	55	56	57	58	59	60	61	62	63	64	65	66	67	68	69	70	71	72	73	74	75
76	77	78	79	80	81	82	83	84	85	86	87	88	89	90	91	92	93	94	95	96	97	98	99	100
101	102	103	104	105	106	107	108	109	110	111	112	113	114	115	116	117	118	119	120	121	122	123	124	125

Mark your top players shots

(For example, O for Done, X for Fail)

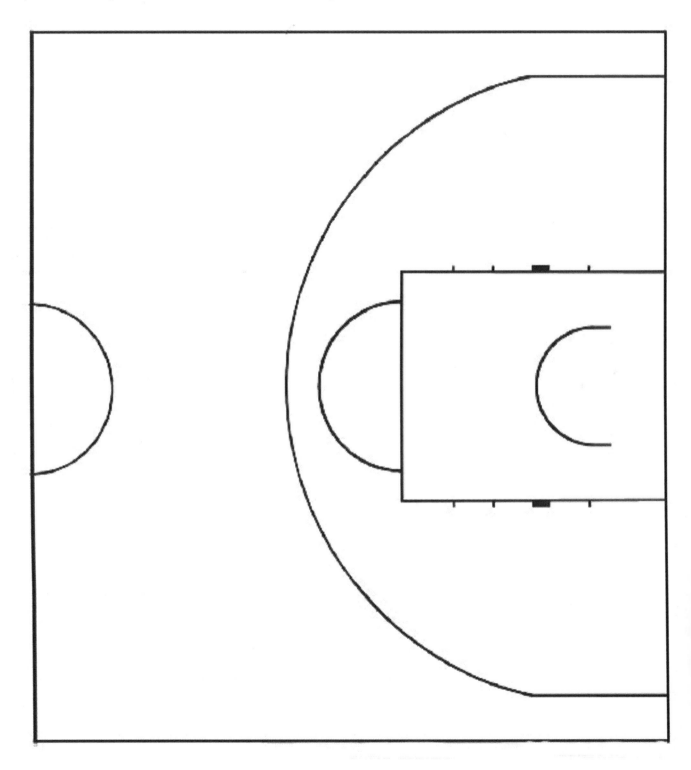

Date:		Team:												Home			Away	
Location:							Opponent:											

Team Fouls	1st Half	1	2	3	4	5	6	7	8	9	10	10+	Time Outs	Half	20s		60s	
	2nd Half	1	2	3	4	5	6	7	8	9	10	10+		Full	20s		60s	

No	Player	PF (1-6)	RB		BS	AS	ST	TO	FGM-A	3FM-A	FTM-A	PTS				Tot
			OR	DR								1st Q	2st Q	3st Q	4st Q	
									/	/	/					
									/	/	/					
									/	/	/					
									/	/	/					
									/	/	/					
									/	/	/					
									/	/	/					
									/	/	/					
									/	/	/					
									/	/	/					
									/	/	/					
									/	/	/					
									/	/	/					
									/	/	/					
									/	/	/					
									/	/	/					
	TOTALS								/	/	/					

Team Score

1	2	3	4	5	6	7	8	9	10	11	12	13	14	15	16	17	18	19	20	21	22	23	24	25
26	27	28	29	30	31	32	33	34	35	36	37	38	39	40	41	42	43	44	45	46	47	48	49	50
51	52	53	54	55	56	57	58	59	60	61	62	63	64	65	66	67	68	69	70	71	72	73	74	75
76	77	78	79	80	81	82	83	84	85	86	87	88	89	90	91	92	93	94	95	96	97	98	99	100
101	102	103	104	105	106	107	108	109	110	111	112	113	114	115	116	117	118	119	120	121	122	123	124	125

Mark your top players shots

(For example, O for Done, X for Fail)

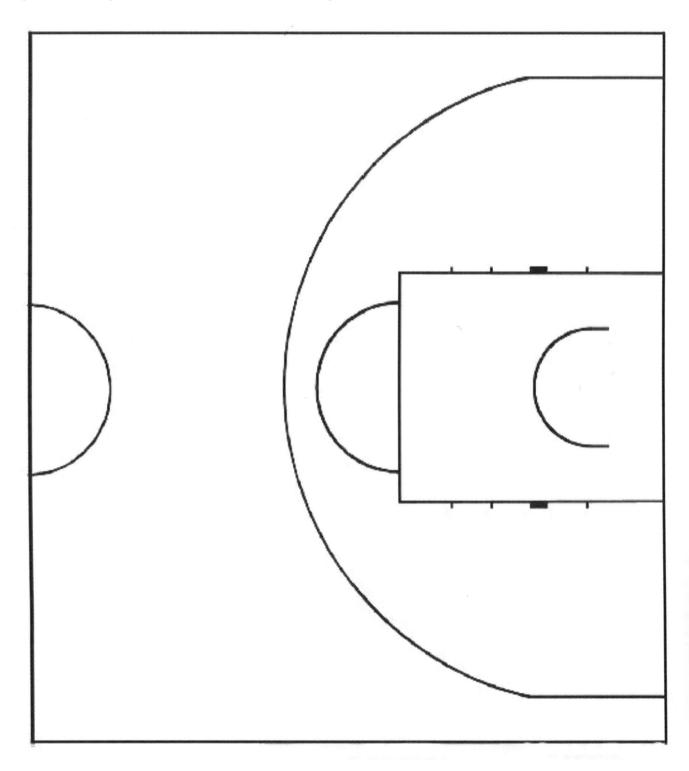

Date:		Team:												Home			Away	
Location:							Opponent:											

Team Fouls	1st Half	1	2	3	4	5	6	7	8	9	10	10+	Time Outs	Half	20s		60s	
	2nd Half	1	2	3	4	5	6	7	8	9	10	10+		Full	20s		60s	

No	Player	PF (1-6)	RB		BS	AS	ST	TO	FGM-A	3FM-A	FTM-A	PTS				Tot
			OR	DR								1st Q	2st Q	3st Q	4st Q	
									/	/	/					
									/	/	/					
									/	/	/					
									/	/	/					
									/	/	/					
									/	/	/					
									/	/	/					
									/	/	/					
									/	/	/					
									/	/	/					
									/	/	/					
									/	/	/					
									/	/	/					
									/	/	/					
									/	/	/					
	TOTALS								/	/	/					

Team Score

1	2	3	4	5	6	7	8	9	10	11	12	13	14	15	16	17	18	19	20	21	22	23	24	25
26	27	28	29	30	31	32	33	34	35	36	37	38	39	40	41	42	43	44	45	46	47	48	49	50
51	52	53	54	55	56	57	58	59	60	61	62	63	64	65	66	67	68	69	70	71	72	73	74	75
76	77	78	79	80	81	82	83	84	85	86	87	88	89	90	91	92	93	94	95	96	97	98	99	100
101	102	103	104	105	106	107	108	109	110	111	112	113	114	115	116	117	118	119	120	121	122	123	124	125

Mark your top players shots

(For example, O for Done, X for Fail)

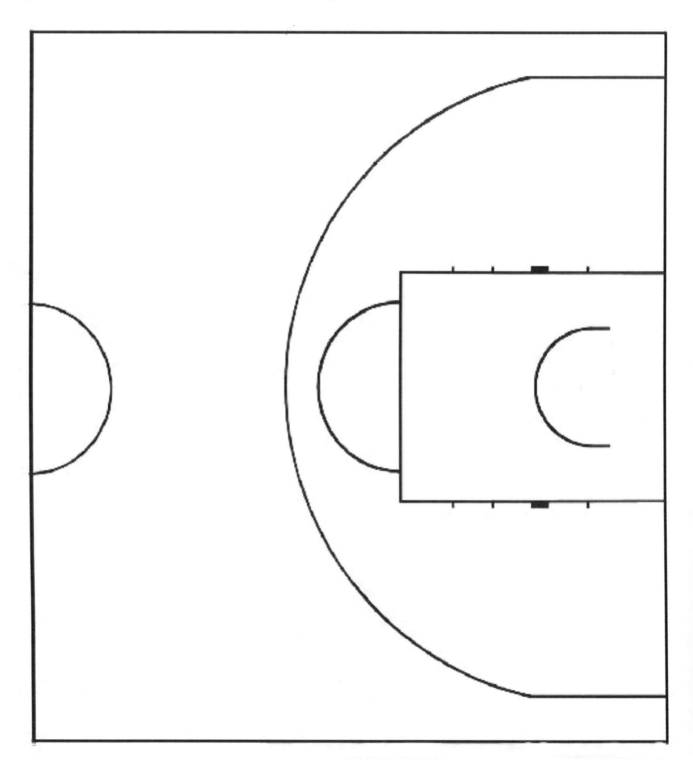

Date:		Team:													Home		Away	
Location:								Opponent:										

Team Fouls	1st Half	1	2	3	4	5	6	7	8	9	10	10+	Time Outs	Half	20s		60s	
	2nd Half	1	2	3	4	5	6	7	8	9	10	10+		Full	20s		60s	

No	Player	PF (1-6)		RB		BS	AS	ST	TO	FGM-A	3FM-A	FTM-A	PTS				
				OR	DR								1st Q	2st Q	3st Q	4st Q	Tot
										/	/	/					
										/	/	/					
										/	/	/					
										/	/	/					
										/	/	/					
										/	/	/					
										/	/	/					
										/	/	/					
										/	/	/					
										/	/	/					
										/	/	/					
										/	/	/					
										/	/	/					
										/	/	/					
										/	/	/					
	TOTALS									/	/	/					

Team Score

1	2	3	4	5	6	7	8	9	10	11	12	13	14	15	16	17	18	19	20	21	22	23	24	25
26	27	28	29	30	31	32	33	34	35	36	37	38	39	40	41	42	43	44	45	46	47	48	49	50
51	52	53	54	55	56	57	58	59	60	61	62	63	64	65	66	67	68	69	70	71	72	73	74	75
76	77	78	79	80	81	82	83	84	85	86	87	88	89	90	91	92	93	94	95	96	97	98	99	100
101	102	103	104	105	106	107	108	109	110	111	112	113	114	115	116	117	118	119	120	121	122	123	124	125

Mark your top players shots

(For example, O for Done, X for Fail)

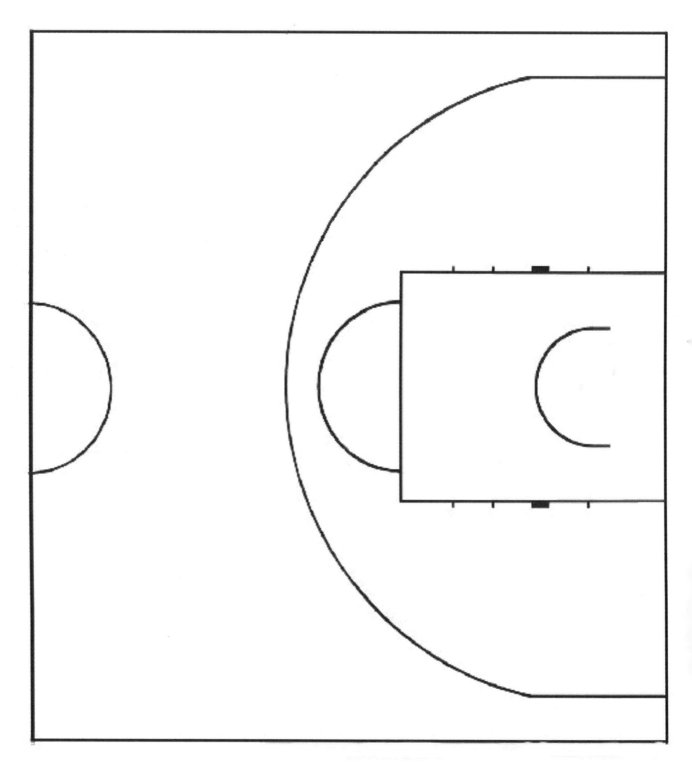

Date:		Team:												Home		Away	
Location:						Opponent:											

Team Fouls	1st Half	1	2	3	4	5	6	7	8	9	10	10+	Time Outs	Half	20s		60s	
	2nd Half	1	2	3	4	5	6	7	8	9	10	10+		Full	20s		60s	

No	Player	PF (1-6)	RB		BS	AS	ST	TO	FGM-A	3FM-A	FTM-A	PTS				Tot
			OR	DR								1st Q	2st Q	3st Q	4st Q	
									/	/	/					
									/	/	/					
									/	/	/					
									/	/	/					
									/	/	/					
									/	/	/					
									/	/	/					
									/	/	/					
									/	/	/					
									/	/	/					
									/	/	/					
									/	/	/					
									/	/	/					
									/	/	/					
									/	/	/					
	TOTALS								/	/	/					

Team Score

1	2	3	4	5	6	7	8	9	10	11	12	13	14	15	16	17	18	19	20	21	22	23	24	25
26	27	28	29	30	31	32	33	34	35	36	37	38	39	40	41	42	43	44	45	46	47	48	49	50
51	52	53	54	55	56	57	58	59	60	61	62	63	64	65	66	67	68	69	70	71	72	73	74	75
76	77	78	79	80	81	82	83	84	85	86	87	88	89	90	91	92	93	94	95	96	97	98	99	100
101	102	103	104	105	106	107	108	109	110	111	112	113	114	115	116	117	118	119	120	121	122	123	124	125

Mark your top players shots

(For example, O for Done, X for Fail)

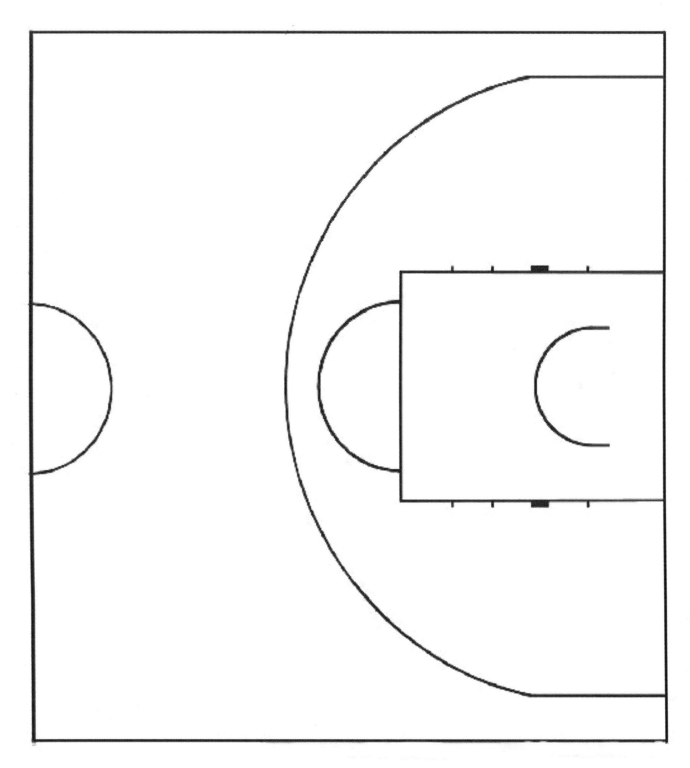

Date:		Team:											Home			Away	
Location:							Opponent:										

Team Fouls	1st Half	1	2	3	4	5	6	7	8	9	10	10+	Time Outs	Half	20s		60s	
	2nd Half	1	2	3	4	5	6	7	8	9	10	10+		Full	20s		60s	

No	Player	PF (1-6)	RB		BS	AS	ST	TO	FGM-A	3FM-A	FTM-A	PTS				Tot
			OR	DR								1st Q	2st Q	3st Q	4st Q	
									/	/	/					
									/	/	/					
									/	/	/					
									/	/	/					
									/	/	/					
									/	/	/					
									/	/	/					
									/	/	/					
									/	/	/					
									/	/	/					
									/	/	/					
									/	/	/					
									/	/	/					
									/	/	/					
									/	/	/					
	TOTALS								/	/	/					

Team Score

1	2	3	4	5	6	7	8	9	10	11	12	13	14	15	16	17	18	19	20	21	22	23	24	25
26	27	28	29	30	31	32	33	34	35	36	37	38	39	40	41	42	43	44	45	46	47	48	49	50
51	52	53	54	55	56	57	58	59	60	61	62	63	64	65	66	67	68	69	70	71	72	73	74	75
76	77	78	79	80	81	82	83	84	85	86	87	88	89	90	91	92	93	94	95	96	97	98	99	100
101	102	103	104	105	106	107	108	109	110	111	112	113	114	115	116	117	118	119	120	121	122	123	124	125

Mark your top players shots

(For example, O for Done, X for Fail)

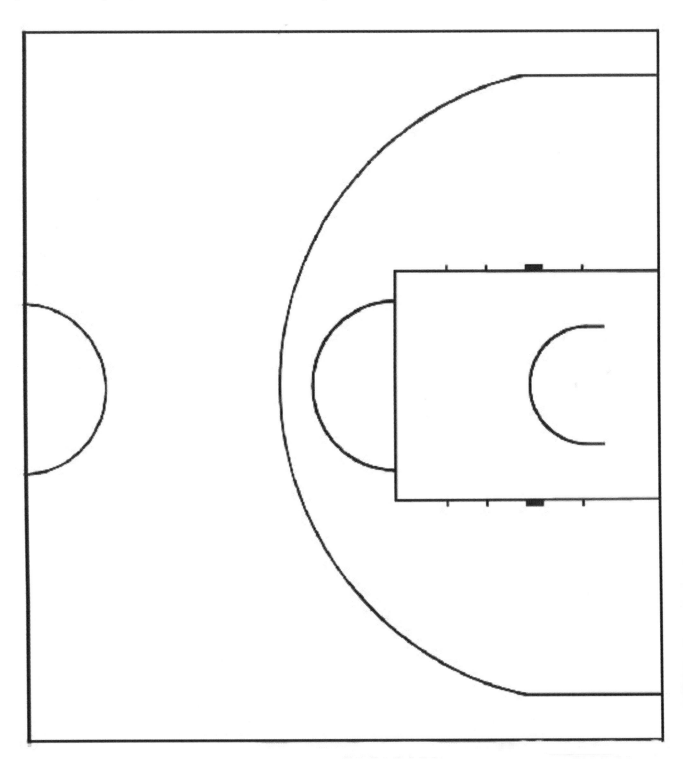

Date:		Team:												Home			Away	
Location:							Opponent:											

Team Fouls	1st Half	1	2	3	4	5	6	7	8	9	10	10+	Time Outs	Half	20s		60s	
	2nd Half	1	2	3	4	5	6	7	8	9	10	10+		Full	20s		60s	

No	Player	PF (1-6)	RB		BS	AS	ST	TO	FGM-A	3FM-A	FTM-A	PTS				Tot
			OR	DR								1st Q	2st Q	3st Q	4st Q	
									/	/	/					
									/	/	/					
									/	/	/					
									/	/	/					
									/	/	/					
									/	/	/					
									/	/	/					
									/	/	/					
									/	/	/					
									/	/	/					
									/	/	/					
									/	/	/					
									/	/	/					
									/	/	/					
									/	/	/					
									/	/	/					
	TOTALS								/	/	/					

Team Score

1	2	3	4	5	6	7	8	9	10	11	12	13	14	15	16	17	18	19	20	21	22	23	24	25
26	27	28	29	30	31	32	33	34	35	36	37	38	39	40	41	42	43	44	45	46	47	48	49	50
51	52	53	54	55	56	57	58	59	60	61	62	63	64	65	66	67	68	69	70	71	72	73	74	75
76	77	78	79	80	81	82	83	84	85	86	87	88	89	90	91	92	93	94	95	96	97	98	99	100
101	102	103	104	105	106	107	108	109	110	111	112	113	114	115	116	117	118	119	120	121	122	123	124	125

Mark your top players shots

(For example, O for Done, X for Fail)

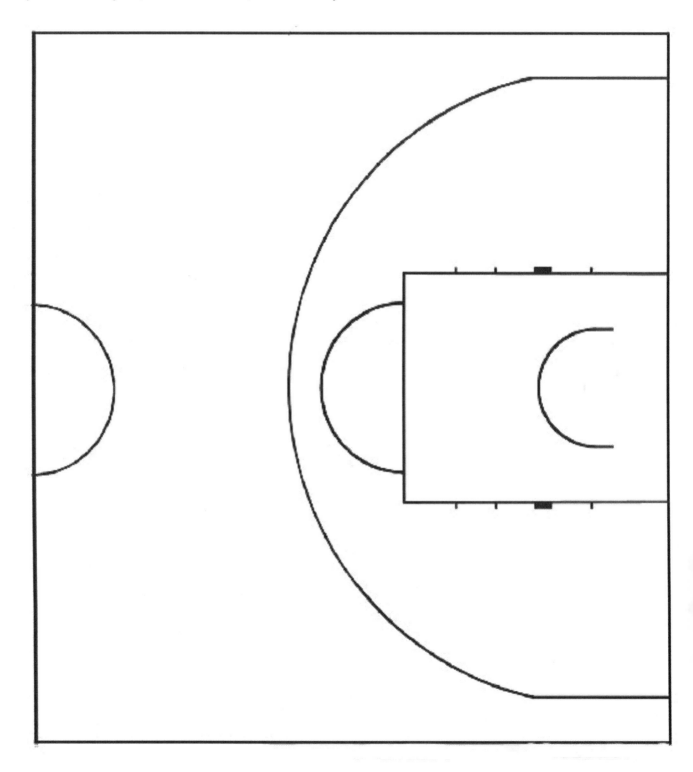

Date:		Team:												Home			Away	
Location:						Opponent:												

Team Fouls	1st Half	1	2	3	4	5	6	7	8	9	10	10+	Time Outs	Half	20s		60s	
	2nd Half	1	2	3	4	5	6	7	8	9	10	10+		Full	20s		60s	

No	Player	PF (1-6)	RB		BS	AS	ST	TO	FGM-A	3FM-A	FTM-A	PTS				Tot
			OR	DR								1st Q	2st Q	3st Q	4st Q	
									/	/	/					
									/	/	/					
									/	/	/					
									/	/	/					
									/	/	/					
									/	/	/					
									/	/	/					
									/	/	/					
									/	/	/					
									/	/	/					
									/	/	/					
									/	/	/					
									/	/	/					
									/	/	/					
									/	/	/					
	TOTALS								/	/	/					

Team Score

1	2	3	4	5	6	7	8	9	10	11	12	13	14	15	16	17	18	19	20	21	22	23	24	25
26	27	28	29	30	31	32	33	34	35	36	37	38	39	40	41	42	43	44	45	46	47	48	49	50
51	52	53	54	55	56	57	58	59	60	61	62	63	64	65	66	67	68	69	70	71	72	73	74	75
76	77	78	79	80	81	82	83	84	85	86	87	88	89	90	91	92	93	94	95	96	97	98	99	100
101	102	103	104	105	106	107	108	109	110	111	112	113	114	115	116	117	118	119	120	121	122	123	124	125

Mark your top players shots

(For example, O for Done, X for Fail)

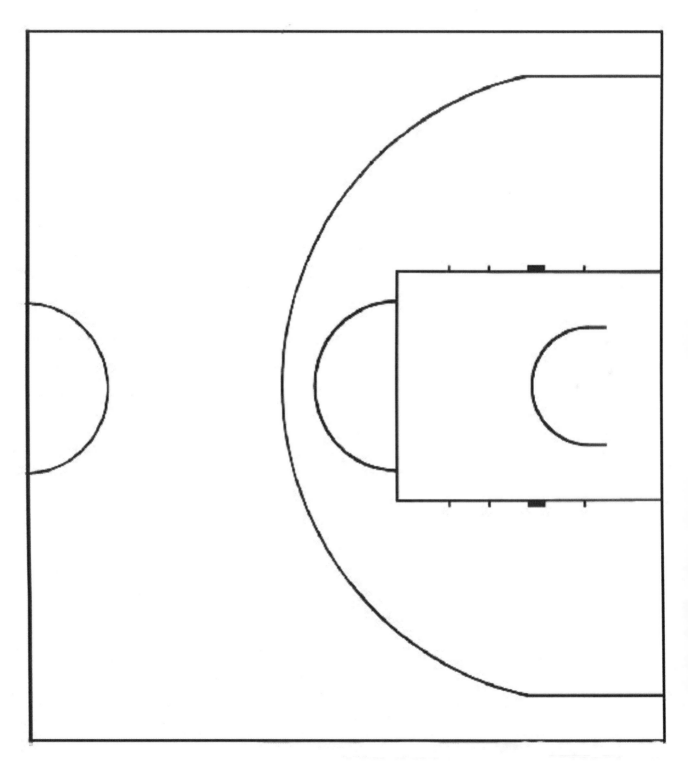

Date:		Team:												Home			Away	
Location:							Opponent:											

Team Fouls	1st Half	1	2	3	4	5	6	7	8	9	10	10+	Time Outs	Half	20s		60s	
	2nd Half	1	2	3	4	5	6	7	8	9	10	10+		Full	20s		60s	

No	Player	PF (1-6)	RB		BS	AS	ST	TO	FGM-A	3FM-A	FTM-A	PTS				Tot
			OR	DR								1st Q	2st Q	3st Q	4st Q	
									/	/	/					
									/	/	/					
									/	/	/					
									/	/	/					
									/	/	/					
									/	/	/					
									/	/	/					
									/	/	/					
									/	/	/					
									/	/	/					
									/	/	/					
									/	/	/					
									/	/	/					
									/	/	/					
									/	/	/					
	TOTALS								/	/	/					

Team Score

1	2	3	4	5	6	7	8	9	10	11	12	13	14	15	16	17	18	19	20	21	22	23	24	25
26	27	28	29	30	31	32	33	34	35	36	37	38	39	40	41	42	43	44	45	46	47	48	49	50
51	52	53	54	55	56	57	58	59	60	61	62	63	64	65	66	67	68	69	70	71	72	73	74	75
76	77	78	79	80	81	82	83	84	85	86	87	88	89	90	91	92	93	94	95	96	97	98	99	100
101	102	103	104	105	106	107	108	109	110	111	112	113	114	115	116	117	118	119	120	121	122	123	124	125

Mark your top players shots

(For example, O for Done, X for Fail)

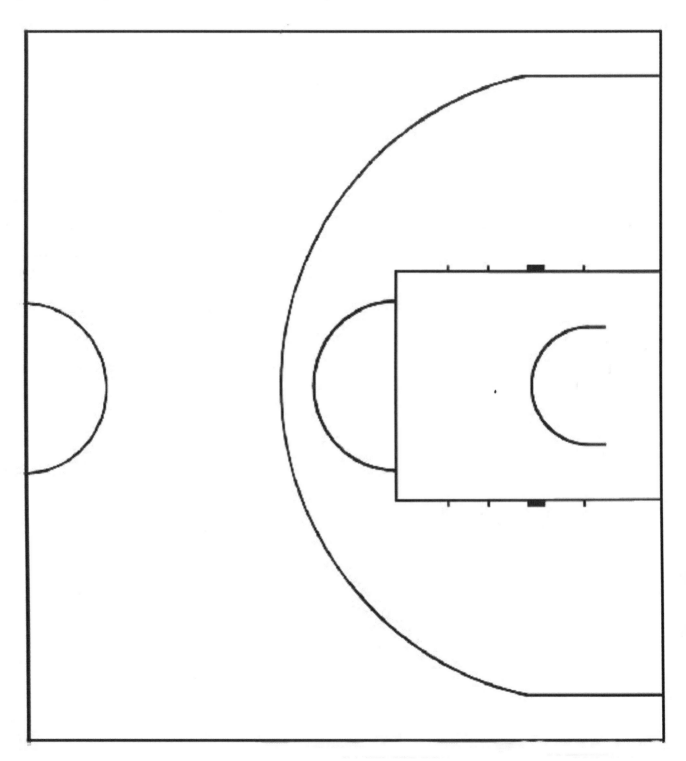

Date:		Team:												Home		Away	
Location:						Opponent:											

Team Fouls	1st Half	1	2	3	4	5	6	7	8	9	10	10+	Time Outs	Half	20s		60s	
	2nd Half	1	2	3	4	5	6	7	8	9	10	10+		Full	20s		60s	

No	Player	PF (1-6)	RB		BS	AS	ST	TO	FGM-A	3FM-A	FTM-A	PTS				Tot
			OR	DR								1st Q	2st Q	3st Q	4st Q	
									/	/	/					
									/	/	/					
									/	/	/					
									/	/	/					
									/	/	/					
									/	/	/					
									/	/	/					
									/	/	/					
									/	/	/					
									/	/	/					
									/	/	/					
									/	/	/					
									/	/	/					
									/	/	/					
									/	/	/					
	TOTALS								/	/	/					

Team Score

1	2	3	4	5	6	7	8	9	10	11	12	13	14	15	16	17	18	19	20	21	22	23	24	25
26	27	28	29	30	31	32	33	34	35	36	37	38	39	40	41	42	43	44	45	46	47	48	49	50
51	52	53	54	55	56	57	58	59	60	61	62	63	64	65	66	67	68	69	70	71	72	73	74	75
76	77	78	79	80	81	82	83	84	85	86	87	88	89	90	91	92	93	94	95	96	97	98	99	100
101	102	103	104	105	106	107	108	109	110	111	112	113	114	115	116	117	118	119	120	121	122	123	124	125

Mark your top players shots

(For example, O for Done, X for Fail)

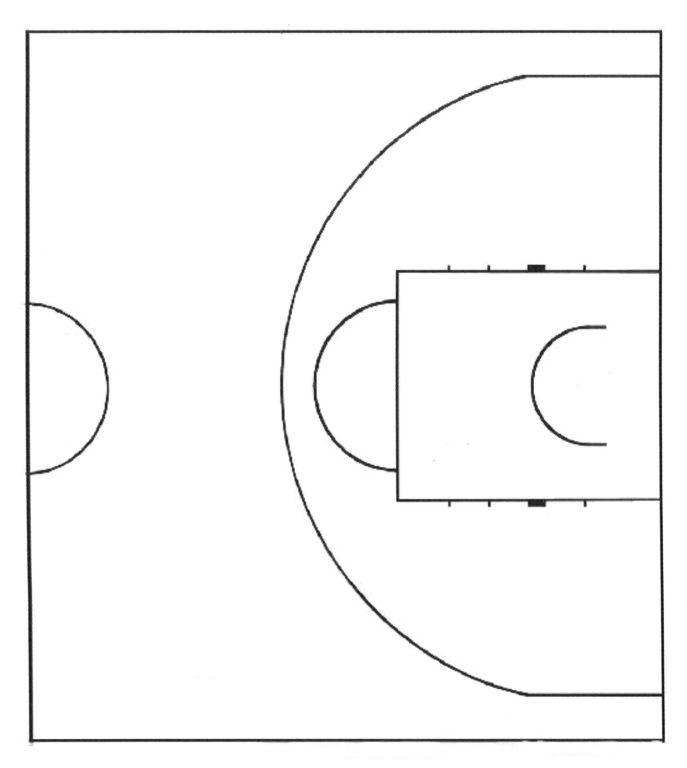

Date:		Team:											Home			Away	
Location:							Opponent:										

Team Fouls	1st Half	1	2	3	4	5	6	7	8	9	10	10+	Time Outs	Half	20s		60s	
	2nd Half	1	2	3	4	5	6	7	8	9	10	10+		Full	20s		60s	

No	Player	PF (1-6)	RB		BS	AS	ST	TO	FGM-A	3FM-A	FTM-A	PTS				Tot
			OR	DR								1st Q	2st Q	3st Q	4st Q	
									/	/	/					
									/	/	/					
									/	/	/					
									/	/	/					
									/	/	/					
									/	/	/					
									/	/	/					
									/	/	/					
									/	/	/					
									/	/	/					
									/	/	/					
									/	/	/					
									/	/	/					
									/	/	/					
									/	/	/					
									/	/	/					
	TOTALS								/	/	/					

Team Score

1	2	3	4	5	6	7	8	9	10	11	12	13	14	15	16	17	18	19	20	21	22	23	24	25
26	27	28	29	30	31	32	33	34	35	36	37	38	39	40	41	42	43	44	45	46	47	48	49	50
51	52	53	54	55	56	57	58	59	60	61	62	63	64	65	66	67	68	69	70	71	72	73	74	75
76	77	78	79	80	81	82	83	84	85	86	87	88	89	90	91	92	93	94	95	96	97	98	99	100
101	102	103	104	105	106	107	108	109	110	111	112	113	114	115	116	117	118	119	120	121	122	123	124	125

Mark your top players shots

(For example, O for Done, X for Fail)

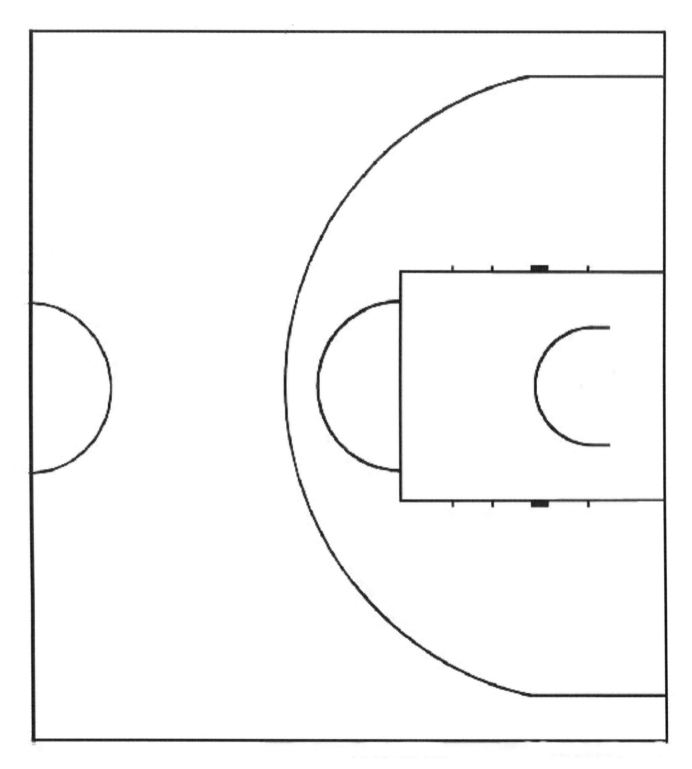

Date:		Team:												Home			Away	
Location:							Opponent:											

Team Fouls	1st Half	1	2	3	4	5	6	7	8	9	10	10+	Time Outs	Half	20s		60s	
	2nd Half	1	2	3	4	5	6	7	8	9	10	10+		Full	20s		60s	

No	Player	PF (1-6)	RB		BS	AS	ST	TO	FGM-A	3FM-A	FTM-A	PTS				Tot
			OR	DR								1st Q	2st Q	3st Q	4st Q	
									/	/	/					
									/	/	/					
									/	/	/					
									/	/	/					
									/	/	/					
									/	/	/					
									/	/	/					
									/	/	/					
									/	/	/					
									/	/	/					
									/	/	/					
									/	/	/					
									/	/	/					
									/	/	/					
									/	/	/					
									/	/	/					
	TOTALS								/	/	/					

Team Score

1	2	3	4	5	6	7	8	9	10	11	12	13	14	15	16	17	18	19	20	21	22	23	24	25
26	27	28	29	30	31	32	33	34	35	36	37	38	39	40	41	42	43	44	45	46	47	48	49	50
51	52	53	54	55	56	57	58	59	60	61	62	63	64	65	66	67	68	69	70	71	72	73	74	75
76	77	78	79	80	81	82	83	84	85	86	87	88	89	90	91	92	93	94	95	96	97	98	99	100
101	102	103	104	105	106	107	108	109	110	111	112	113	114	115	116	117	118	119	120	121	122	123	124	125

Mark your top players shots

(For example, O for Done, X for Fail)

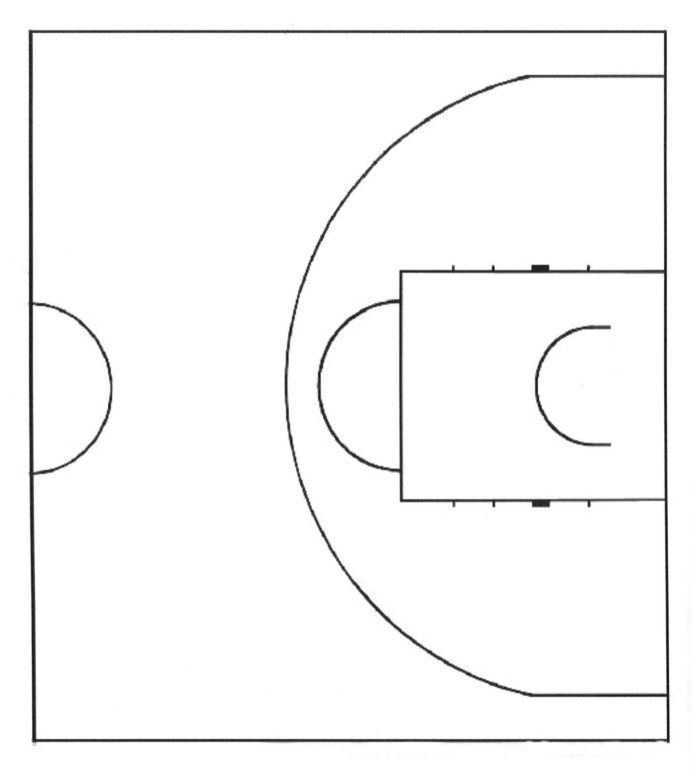

Date:		Team:												Home			Away	
Location:							Opponent:											

Team Fouls	1st Half	1	2	3	4	5	6	7	8	9	10	10+	Time Outs	Half	20s		60s	
	2nd Half	1	2	3	4	5	6	7	8	9	10	10+		Full	20s		60s	

No	Player	PF (1-6)	RB		BS	AS	ST	TO	FGM-A	3FM-A	FTM-A	PTS				Tot
			OR	DR								1st Q	2st Q	3st Q	4st Q	
									/	/	/					
									/	/	/					
									/	/	/					
									/	/	/					
									/	/	/					
									/	/	/					
									/	/	/					
									/	/	/					
									/	/	/					
									/	/	/					
									/	/	/					
									/	/	/					
									/	/	/					
									/	/	/					
									/	/	/					
									/	/	/					
	TOTALS								/	/	/					

Team Score

1	2	3	4	5	6	7	8	9	10	11	12	13	14	15	16	17	18	19	20	21	22	23	24	25
26	27	28	29	30	31	32	33	34	35	36	37	38	39	40	41	42	43	44	45	46	47	48	49	50
51	52	53	54	55	56	57	58	59	60	61	62	63	64	65	66	67	68	69	70	71	72	73	74	75
76	77	78	79	80	81	82	83	84	85	86	87	88	89	90	91	92	93	94	95	96	97	98	99	100
101	102	103	104	105	106	107	108	109	110	111	112	113	114	115	116	117	118	119	120	121	122	123	124	125

Mark your top players shots

(For example, O for Done, X for Fail)

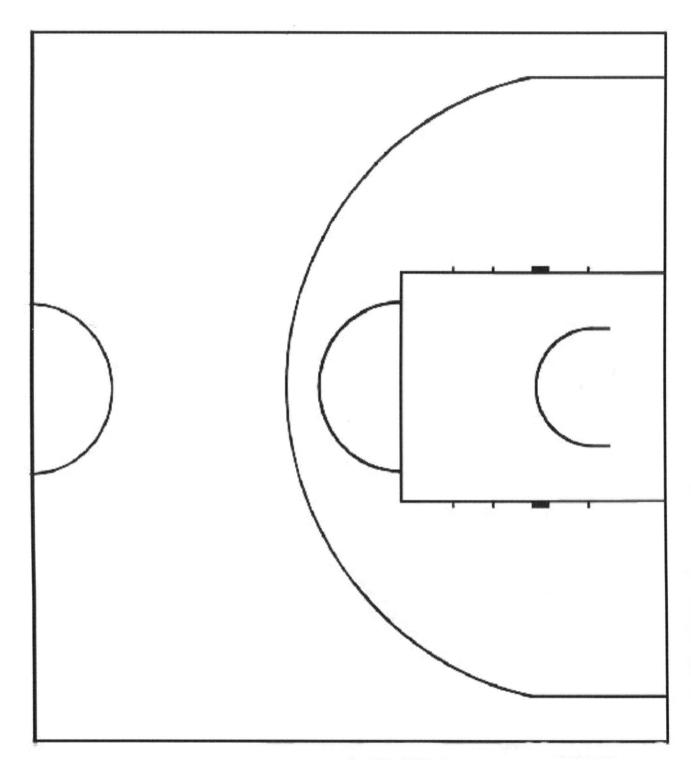

Date:		Team:												Home			Away	
Location:							Opponent:											

Team Fouls	1st Half	1	2	3	4	5	6	7	8	9	10	10+	Time Outs	Half	20s		60s	
	2nd Half	1	2	3	4	5	6	7	8	9	10	10+		Full	20s		60s	

No	Player	PF (1-6)	RB		BS	AS	ST	TO	FGM-A	3FM-A	FTM-A	PTS				Tot
			OR	DR								1st Q	2st Q	3st Q	4st Q	
									/	/	/					
									/	/	/					
									/	/	/					
									/	/	/					
									/	/	/					
									/	/	/					
									/	/	/					
									/	/	/					
									/	/	/					
									/	/	/					
									/	/	/					
									/	/	/					
									/	/	/					
									/	/	/					
									/	/	/					
									/	/	/					
	TOTALS								/	/	/					

Team Score																								
1	2	3	4	5	6	7	8	9	10	11	12	13	14	15	16	17	18	19	20	21	22	23	24	25
26	27	28	29	30	31	32	33	34	35	36	37	38	39	40	41	42	43	44	45	46	47	48	49	50
51	52	53	54	55	56	57	58	59	60	61	62	63	64	65	66	67	68	69	70	71	72	73	74	75
76	77	78	79	80	81	82	83	84	85	86	87	88	89	90	91	92	93	94	95	96	97	98	99	100
101	102	103	104	105	106	107	108	109	110	111	112	113	114	115	116	117	118	119	120	121	122	123	124	125

Mark your top players shots

(For example, O for Done, X for Fail)

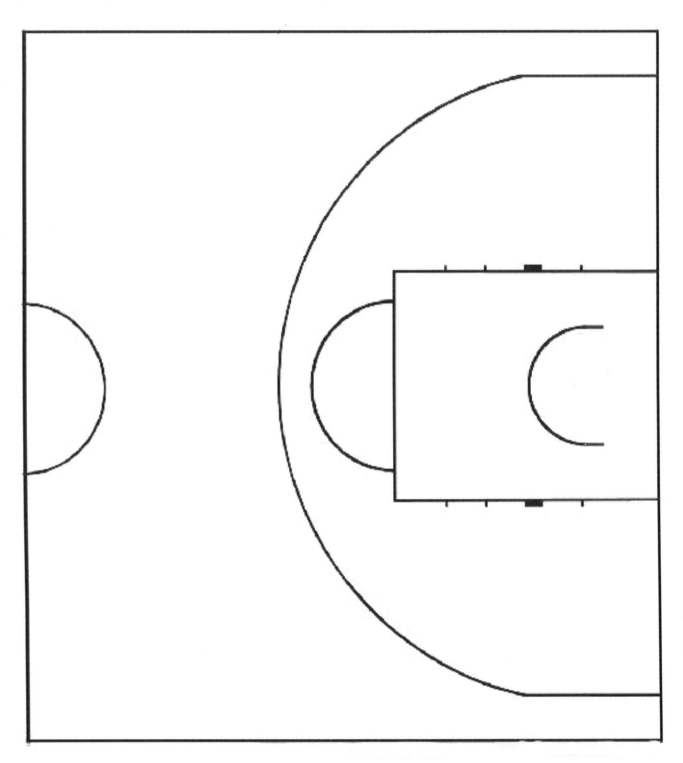

Date:		Team:											Home			Away	
Location:							Opponent:										

Team Fouls	1st Half	1	2	3	4	5	6	7	8	9	10	10+	Time Outs	Half	20s		60s	
	2nd Half	1	2	3	4	5	6	7	8	9	10	10+		Full	20s		60s	

No	Player	PF (1-6)	RB		BS	AS	ST	TO	FGM-A	3FM-A	FTM-A	PTS				
			OR	DR								1st Q	2st Q	3st Q	4st Q	Tot
									/	/	/					
									/	/	/					
									/	/	/					
									/	/	/					
									/	/	/					
									/	/	/					
									/	/	/					
									/	/	/					
									/	/	/					
									/	/	/					
									/	/	/					
									/	/	/					
									/	/	/					
									/	/	/					
									/	/	/					
									/	/	/					
	TOTALS								/	/	/					

Team Score

1	2	3	4	5	6	7	8	9	10	11	12	13	14	15	16	17	18	19	20	21	22	23	24	25
26	27	28	29	30	31	32	33	34	35	36	37	38	39	40	41	42	43	44	45	46	47	48	49	50
51	52	53	54	55	56	57	58	59	60	61	62	63	64	65	66	67	68	69	70	71	72	73	74	75
76	77	78	79	80	81	82	83	84	85	86	87	88	89	90	91	92	93	94	95	96	97	98	99	100
101	102	103	104	105	106	107	108	109	110	111	112	113	114	115	116	117	118	119	120	121	122	123	124	125

Mark your top players shots

(For example, O for Done, X for Fail)

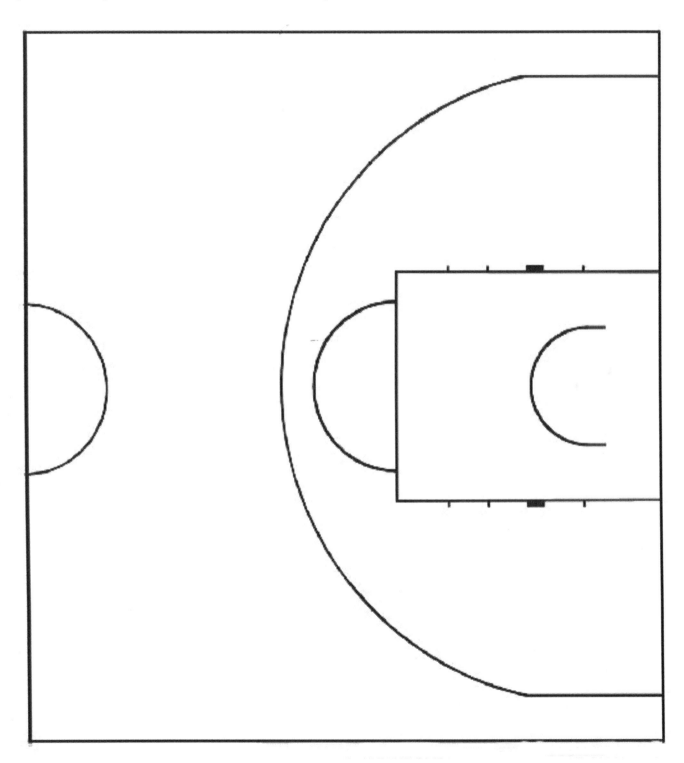

Date:		Team:												Home		Away	
Location:						Opponent:											

Team Fouls	1st Half	1	2	3	4	5	6	7	8	9	10	10+	Time Outs	Half	20s		60s	
	2nd Half	1	2	3	4	5	6	7	8	9	10	10+		Full	20s		60s	

No	Player	PF (1-6)	RB		BS	AS	ST	TO	FGM-A	3FM-A	FTM-A	PTS				Tot
			OR	DR								1st Q	2st Q	3st Q	4st Q	
									/	/	/					
									/	/	/					
									/	/	/					
									/	/	/					
									/	/	/					
									/	/	/					
									/	/	/					
									/	/	/					
									/	/	/					
									/	/	/					
									/	/	/					
									/	/	/					
									/	/	/					
									/	/	/					
									/	/	/					
									/	/	/					
	TOTALS								/	/	/					

Team Score

1	2	3	4	5	6	7	8	9	10	11	12	13	14	15	16	17	18	19	20	21	22	23	24	25
26	27	28	29	30	31	32	33	34	35	36	37	38	39	40	41	42	43	44	45	46	47	48	49	50
51	52	53	54	55	56	57	58	59	60	61	62	63	64	65	66	67	68	69	70	71	72	73	74	75
76	77	78	79	80	81	82	83	84	85	86	87	88	89	90	91	92	93	94	95	96	97	98	99	100
101	102	103	104	105	106	107	108	109	110	111	112	113	114	115	116	117	118	119	120	121	122	123	124	125

Mark your top players shots

(For example, O for Done, X for Fail)

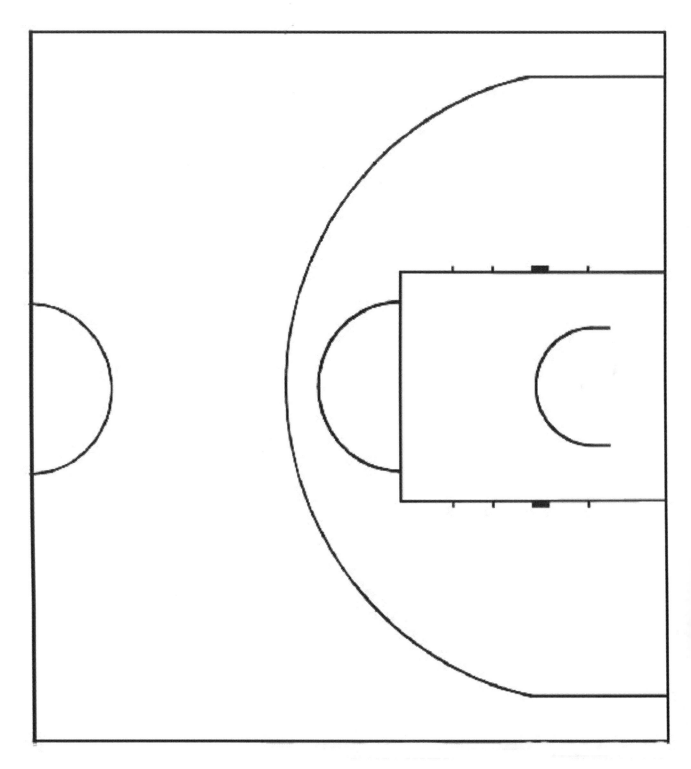

Made in the USA
San Bernardino, CA
26 November 2019